사장님, 이젠 AX입니다
중소기업은 왜 지금 당장 AX를 적용해야 할까

손동진

Pretty Garden
PUBLISHING COMPANY

사장님, 이젠 AX입니다
프리티가든 뉴텍스트 시리즈 1

발행일   2025년 6월 27일
글쓴이   손동진

편 집   현진현
펴낸이   김정경
펴낸곳   프리티가든
전 화   010-3501-7775
이메일   oldmarx@gmail.com

ⓒ 손동진 2025
ISBN 979-11-992481-9-9 03320

프리티가든은, **작은정원**의 경영전문서 임프린트입니다.

사장님, 이젠 AX입니다
중소기업은 왜 지금 당장 AX를 적용해야 할까

"기다리는 자는 기회를 놓친다."

AI가 아니라 AX다

AX는 AI Transformation, 즉 인공지능 전환이다. 단순히 디지털 기술을 도입하는 것이 아니라, 인공지능을 기업의 중심 전략으로 삼아 조직의 운영 방식과 가치 창출 구조를 근본적으로 바꾸는 것을 의미한다. AX는 AI가 가능한 것을 넘어, AI 중심으로 '어떻게 일하고 어떻게 생각하며 어떻게 결정할 것인가'를 재정의하는 패러다임의 이동이다.

과거의 디지털 전환(DX)은 기존 업무의 디지털화, 가령 문서를 전산화한다든가 오프라인 프로세스를 온라인으로 옮긴다든가 하는 정도에 그쳤다. 하지만 AX는 전혀 다르다. AI가 단순 보조 도구가 아니라 주도적 사고 파트너로서 모든 경영의 흐름에 참여하게 된다. 예컨대 마케팅 콘텐츠를 사람이 직접 기획하던 방식에서, AI가 소비자 데이터를 분석하고 시나리오를 도출하며 최적화된 콘텐츠를 생성하는 방식으로 변화된다. 인사, 재무, 고객 서비스, 생산, 유통 등 모든 분야에서 '지시-수행' 구조가 아니라 '예측-자동결정' 구조로 넘어가는 것이다.

중소기업에게 있어 AX는 선택의 문제가 아니라 생존의 문제다. 인력과 자본이 부족한 환경 속에서 AI는 기회이자 무기다. 자동화와 예측 기반 경영을 통해 소수 인력으로도 고효율 운영이 가능해지고, 데이터 기반 판단으로 시장 반응 속도를 비약적으로 끌어올릴 수 있기 때문이다. 특히 빠르게 변화하는 소비자 취향, 공급망의 불안정성, 인재 유출 같은 위기를 AI는 실시간 학습과 적응을 통해 일정 수준까지 대응할 수 있게 한다.

현재 글로벌 시장에서는 이미 AX를 본격화한 사례들이 속속 등장하고 있다. 구글, 아마존, 텐센트 같은 대기업은 물론이고, 북유럽과 동남아시아의 유망 스타트업들도 AI 기반 업무 전환을 가속화하고 있다. 예를 들어 핀란드의 제조 스타트업은 설비 진단과 품질 관리에 AI를 도입해 불량률을 절반 이하로 줄였고, 일본의 중견 보험사는 AI 챗봇을 활용해 고객 응대를 24시간 자동화하며 인건비를 30% 이상 절감했다.

이제 AX는 더 이상 먼 미래의 이야기가 아니다. 현재진행형이다. 특히 한국처럼 고령화와 생산인구 감소가 급속히 진행되는 사회에서는, 중소기업이 AX를 선제적으로 추진하지 않으면 대기업보다 먼저 시장에서 밀려날 수밖에 없다. 또한 아이러니하게도, 중소기업이 대기업보다 더 빠르게 움직일 수 있는 조건을 갖추고 있다. 조직 구조가 단순하고 의사결정이 빠르기 때문이다. 중요한 것은, 기술을 이해하는 것이 아니라 기술을 받아들이는 태도다.

결국 AX란 기술의 문제가 아니라 경영철학의 문제이며, 기존의 모든 프로세스를 다시 설계하려는 용기의 문제다. AI는 완성된 정답을 주지 않는다. 다만, 수많은 가능성과 실험의 기반을 마련해줄 뿐이다. 그 가능성을 조직 전체가 받아들이고, 함께 학습하고, 함께 방향을 잡아가는 것. 그것이 진정한 AX의 출발점이 된다.

그러나 대다수의 중소기업 사장님들에게 이 말들은 아직 낯설고, 현실과 동떨어진 이야기처럼 느껴진다. "그건 대기업 이야기고, 우리는 당장 직원 월급 주기도 빠듯한데…"라는 생각이 머리를 스친다면, 이 책은 바로 그런 분들을 위해 쓰였다. 왜냐하면 AI 혁명은 이미 우리 곁에 와 있으며, 그 파도에 올라타지 못한다면 머지않아 기업의 생존 자체가 위협받을 수 있기 때문이다.

제 1장 AX, 어떻게 바라보아야 하는가

1. 1. 인공지능과 인간, 새로운 동반자 관계의 출현	25
1. 2. 생산성과 인간성의 공존은 가능한가?	30
1. 3. 인간 중심 AI: 테크놀로지컬 휴머니즘	35
1. 4. 사회적 선을 위한 AI(AI for Social Good)의 역할	40
1. 5. 경제 시스템의 재편과 AI 자본주의	45
[결론] 한국 중소 기업의 AX는 어떤 철학을 가져야 하는가?	52

제 2장 중소기업이 당면한 문제들

2. 1. 중소기업의 고질적 문제 구조	56
2. 2. 문제해결 방안으로써의 DX의 한계	59
2. 3. 진정한 DX를 완성시키는 AX	62
2. 4. 문제 해결에 앞서, 문제 자체를 정의하는 AX	65

제 3장 AX로 인한 기대효과

3. 1. 업무효율이 눈에 띄게 달라진다 — 71

3. 2. 고객경험이 달라진다 — 73

3. 3. 경영판단이 빨라지고 정확해진다 — 76

3. 4. AX를 하지 않으면 어떤 일이 벌어지는가 — 78

3. 5. AX의 ROI는 숫자로 증명된다 — 82

[결론] AX는 선택이 아니라 필수 — 88

제 4장 사장님의 결단이 필요한 순간

4. 1. 기술보다 먼저 움직여야하는 건 사장의 의지 — 90

4. 2. 조직문화와 마인드셋의 전환 — 94

4. 3. 실패하지 않는 AX의 5가지 조건 — 96

4. 4. See → Do → Plan: 불확실성 시대의 실행 철학 — 101

4. 5. 데이터 없는 조직은 질문할 수 없다 — 106

[케이스스터디] 중견광고대행사의 생존을 위한 도전 — 112

제 5장 사례로 본 중소기업 AX의 프레임워크

5. 1. 중소기업이 직면한 AX의 도전과제와 해결방안	142
5. 2. 중소기업을 위한 AI 도입 실천 가이드	154
5. 3. AI 시대의 중소기업 경쟁력 재정의	158
5. 4. 5단계 AX 전략 프레임	169
[케이스스터디] 통념을 뒤엎는 소상공인의 AI 전환	198

제 6장 산업 유형별 AX 실행 전략

6. 1. 제조업: 자동화의 종착지는 판단이다	216
6. 2. 서비스업: 관계의 기술에서 예측의 기술로	220
6. 3. 유통/커머스: 고객 데이터를 보지 않고, 고객을 이해한다는 착각	224
6. 4. 금융/보험: 확률의 산업에서 신뢰의 기술로	227
6. 5. 교육: 지식 전달에서 학습 설계로	229
6. 6. 헬스케어: 생명을 다루는 산업에 기술이 개입할 때	232
[케이스스터디] 스타트업의 비즈니스모델 혁신	236

제 7장 미래는 준비된 자의 것이다

7. 1. 기술 변화의 역사적 관점과 AX의 본질	244
7. 2. 리더십 태도와 조직 문화의 변혁	245
7. 3. AX 시대의 조직 변혁: 구조와 프로세스의 재설계	246
7. 4. 인적 역량과 조직 문화의 재정의	247
7. 5. AX 여정의 시작: 다섯 가지 근본 질문	299
7. 6. AX 시대의 리더십 – 미래를 향한 결단	250

에필로그: AX는 아직 완성되지 않았다   252

부록 1: 실행은 질문에서 시작된다: 262
          AX를 위한 사장의 체크리스트

부록 2: AX 전환 상태를 진단할 수 있는 공식   267

들어가며

요즘 모두가 인공지능을 말한다. 생성형 AI, 챗GPT, 자동화, 디지털 트랜스포메이션, 그리고 이제는 AX라는 단어까지 심심치 않게 들린다. 하루가 멀다하고 새로운 AI 기술과 서비스가 등장하며, 대기업들은 앞다투어 AI 도입을 선언하고 있다. 미디어는 연일 AI 혁명에 대한 기사로 넘쳐나고, 전문가들은 앞으로 10년 안에 산업 전반이 완전히 재편될 것이라 예측한다. 삼성전자, 현대자동차, SK, LG 등 대한민국을 대표하는 기업들은 이미 수천억 원을 AI 개발과 도입에 투자하고 있으며, 미국의 아마존, 마이크로소프트, 구글 같은 거대 기업들은 수조 원 규모의 AI 인프라를 구축해가고 있다. 2023년 맥킨지 보고서에 따르면, AI를 선제적으로 도입한 기업들은 평균적으로 같은 산업 내 경쟁사 대비 30% 이상의 생산성 향상을 경험했다고 한다. 이러한 격차는 시간이 갈수록 더욱 벌어질 것이다.

반면에, 중소기업의 현실은 냉혹하다. 제품은 만들어야 하고, 마케팅도 해야하며, 인력은 부족하고, 채용은 어렵다. 들어온 사람은 금방 나가고, 대표는 인사부터 회계, 영업, 광고까지 전방위적으로 손을 뻗어야 한다. 아침부터 밤까지 회의에 참석하고, 거래처를 방문하며, 생산라인을 점검하는 동안에도 끊임없이 불안감이 따라다닌다. '우리 회사는 경쟁력이 있는가?', '내년에도 지금처럼 운영될 수 있을까?', '더 효율적인 방법은 없을까?' 이런 질문들이 머릿속을 맴돈다. 직원 한 명의 실수가 회사 전체의 위기로 이어질 수 있고, 주요 거래처 하나의 이탈이 매출의 급감을 가져올 수 있다. 중소기업 사장의 어깨에는 항상 무거운 책임감이 따른다. 경기 변동에 더 민감하고, 정부 정책 변화에 더 취약하며, 대기업의 갑질에 더 쉽게 노출된다. 문제는 이 모든 것이 점점 더 비효율적으로 흘러간다는 데 있다. 일이 많아질수록 사람이 더 필요하고, 비용은 늘고, 대표는 갈수록 지친다. 경쟁은 더욱 치열해지고, 고객의 요구는 점점 더 복잡해진다. 인건비는 계속 상승하는데, 제품 가격은 쉽게 올리기 어렵다. 이 악순환을 끊을 방법은 없을까? 있다. 그것이 바로 AX다.

AX는 AI Transformation, 즉 인공지능 기반 전환을 뜻한다. 이는 단순히 어떤 기술을 쓰는 것을 의미하지 않는다. 업무의 흐름을 재설계하고, 반복되는 작업을 자동화하며, 의사결정을 데이터 기반으로 바꾸는 것이다. 그리고 이 모든 변화의 중심에는 사장의 결단과 실행이 있다. AX는 그저 IT 부서에 맡기는 프로젝트가 아니다. 조직 문화를 바꾸고, 일하는 방식을 혁신하며, 비즈니스 모델을 재구성하는 총체적인 변화다. 이는 사장이 직접 주도하고 책임져야 하는 혁신 과정이다. 그렇기에 CEO의 관점에서 AI를 이해하고, 전략적으로 접근하는 것이 무엇보다 중요하다. 많은 중소기업 사장님들이 AI를 '어렵고 복잡한 기술'이라고 여기지만, 실제로는 '문제 해결을 위한 강력한 도구'로 보는 관점의 전환이 필요하다. 특히 ChatGPT와 같은 생성형 AI의 등장은 기술과 사용자 간의 장벽을 크게 낮추었다. 이제 코딩을 모르는 사람도 AI와 대화하며 문제를 해결할 수 있는 시대가 되었다.

AX는 대기업만의 전략이 아니다. 오히려 시스템이 갖춰져 있지 않은 중소기업일수록, AI의 유연한 도입이 더 빠르고 효과적이다. 기존 시스템과 충돌할 일이 적기 때문이다. 대기업은 수십 년간 구축해온 레거시 시스템과 복잡한 의사결정 구조 때문에 변화에 시간이 걸린다. 여러 부서의 이해 관계와 기존 업무 프로세스가 얽혀있어 새로운 기술 도입이 더디게 진행된다. 수많은 이해관계자들의 동의를 얻어야 하고, 기존 시스템과의 호환성 문제도 해결해야 한다. 반면 중소기업은 의사결정이 빠르고, 조직 구조가 단순하며, 실패해도 빠르게 방향을 전환할 수 있다. 이러한 민첩성(agility)은 AI 시대의 핵심 경쟁력이다. 대기업이 거대한 항공모함이라면, 중소기업은 기동성 높은 고속정과 같다. 방향을 틀고 새로운 기술을 실험하는 데 필요한 시간과 비용이 훨씬 적다. 즉, 시작만 한다면 중소기업은 오히려 더 빠르게 변화할 수 있다. 실제로 많은 국내외 사례들이 이를 증명하고 있다. 이 책에선 그런 기업들의 이야기도 함께 담았다. 10명 남짓한 작은 회사가 AI를 활용해 업무 효율을 세 배로 높인 사례, 영세 제조업체가 AI 품질 관리 시스템을 도입해 불량률을 획기적으로 줄인 이야기, 그리고 도입 비용 몇백만 원으로 수천만 원의 인건비를 절감한 중소기업의 성공 사례까지.

이미 국내에서도 AI를 성공적으로 도입한 중소기업 사례가 늘고 있다. 경기도의 한 중소 제조업체는 AI 기반 품질 검사 시스템을 도입해 불량품 검출률을 95% 이상으로 높이고, 인력 의존도를 50% 줄였다. 부산의 한 물류 기업은 AI 기반 재고 관리 시스템으로 재고 회전율을 30% 향상시켰다. 대구의 작은 소프트웨어 회사는 고객 문의에 자동 응답하는 AI 챗봇을 개발하여 고객 응대 시간을 평균 15분에서 2분으로 단축했다. 대전의 한 마케팅 에이전시는 AI 콘텐츠 생성 도구를 활용해 콘텐츠 제작 시간을 70% 줄이면서 품질은 오히려 향상시켰다. 이러한 사례들은 AI가 더 이상 미래의 기술이 아니라, 지금 당장 비즈니스 성과를 끌어올릴 수 있는 실용적인 도구라는 것을 보여준다.

AI를 도입하는 것이 비용이나 기술적 장벽 때문에 어렵다고 생각하는 분들도 계실 것이다. 하지만 현실은 달라졌다. 과거에는 AI 시스템 구축에 수억 원의 비용과 전문 인력이 필요했지만, 지금은 월 몇만 원으로 시작할 수 있는 SaaS(Software as a Service) 형태의 AI 솔루션이 넘쳐난다. 클라우드 기반 AI 서비스는 별도의 인프라 구축 없이도 바로 활용할 수 있으며, 노코드/로코드 도구들은 프로그래밍 지식 없이도 AI 시스템을 구축할 수 있게 해준다. ChatGPT, Google Bard, Claude와 같은 대규모 언어 모델(LLM)은 월 20달러 내외의 구독료로 사용할 수 있으며 이를 통해 마케팅 콘텐츠 제작, 고객 응대 시나리오 작성, 데이터 분석 등 다양한 업무를 효율화 할 수 있다. 또한 AI 개발 플랫폼들은 점점 더 사용자 친화적으로 변화하고 있어 전문적인 기술 지식 없이도 자사에 맞는 AI 솔루션을 구축할 수 있게 되었다. 이제 AI는 누구나 쉽게 접근할 수 있는 도구가 되었다. 문제는 기술이 아니라 그것을 어떻게 활용할 것인가에 대한 비전과 전략이다.

그럼에도 여전히 많은 중소기업 사장님들이 AI 도입을 주저하는 이유는 무엇일까? 가장 큰 이유는 '불확실성'과 '두려움'이다. "정말 효과가 있을까?", "기존 직원들의 반발은 어떻게 관리할까?", "투자 대비 수익(ROI)은 보장되나?" 등의 질문이 머릿속을 맴돈다. 또한 어디서부터 시작해야 할지 모르는 막막함도 크다. AI라는 용어 자체가 주는 거대하고 복잡한 이미지 때문에 첫걸음을 내딛기가 어렵게 느껴진다. 그리고 무엇보다 '지금 당장' 해결해야 할 문제들이 산적해 있는 상황에서, 미래를 위한 투자에 시간과 자원을 할애하기 어렵다는 현실적인 제약도 있다. 그러나 이러한 걱정과 두려움이 AI 도입을 미루는 이유가 되어서는 안 된다. 오히려 이러한 불확실성 속에서 먼저 움직이는 기업만이 새로운 기회를 선점할 수 있다. 이 책은 바로 그런 선제적 행동을 위한 구체적인 로드맵을 제시한다.

몇 년 전만 해도 AI는 선택적 경쟁 우위였다. 도입하면 좋지만, 도입하지 않아도 크게 문제 없었다. 그러나 이제 AI는 생존을 위한 필수 요소가 되어가고 있다. 특히 중소기업에게 AI는 제한된 자원으로 대기업과 경쟁할 수 있는 유일한 기회일 수 있다. 또한 AI 도입은 단순히 기술적 변화를 넘어, 기업의 미래 생존 전략에 관한 것이다. 저출산, 고령화로 인한 인력 부족 문제는 앞으로 더욱 심각해질 것이며, AI는 이러한 구조적 문제에 대응할 수 있는 현실적인 해결책이다. 유능한 인재를 채용하기 어려운 중소기업일수록, AI를 통한 업무 효율화와 자동화의 필요성은 더욱 크다. 게다가 글로벌 경쟁이 심화되는 상황에서, AI는 한국 중소기업이 세계 시장에서 경쟁력을 유지할 수 있는 중요한 도구가 될 것이다.

나는 광고를 주된 과업으로 하는 마케팅 서비스 기업을 16년 동안 운영해왔다. 사회초년생부터 시스템이 잘 갖춰진 대기업에서 출발하였던 내가 황무지 같은 독립 사업의 영역으로 나 자신을 던졌을 때 마주한 현실은, 예상을 초과하는 시련의 연속이었다. 매번 새로운 파도 속에서 회사를 지키기 위해 사력을 다했다. 2000년대 후반 소셜 미디어가 등장했을 때, 모바일 혁명이 일어났을 때, 이어서 데이터 기반 마케팅이 주류가 되었을 때, 그때마다 빠르게 적응하고 변화해야 했다. 그 과정에서 배운 가장 중요한 교훈은 '기다리는 자는 기회를 놓친다'는 것이다. 새로운 기술이나 트렌드가 완전히 검증되고 모든 것이 명확해질 때까지 기다리면, 이미 경쟁에서 뒤처진 상태가 된다. 누가 가르쳐주지도 않았고, 해야 한다고 조언을 해주지도 않았지만 디지털 트랜스포메이션(DX)도 그렇게 시작했고, 그 과정을 나름 성공적으로 마쳤다. 내가 지금 하고 있는 것이 DX인 것조차 몰랐지만 나중에 알고 보니 그것이 그 용어로 불리는 것을 알았다. 당연히 당시에는 급격한, 때로는 다소 과격한 변화의 주문에 대해서 많은 직원들이 두려워했고, 안정적으로 수익을 올리고 있었던 파트너사들도 의문을 제기했다. 그러나 결국 그 변화는 회사의 생존과 성장을 위한 필수적인 과정이었음이 증명되었다.

그런 면에서 AI의 등장은 이전의 모든 변화와는 차원이 다르다. 그 영향력은 더 넓고, 변화의 속도는 더 빠르며, 적응하지 못했을 때의 결과는 더 치명적이다. 디지털 전환이 산업혁명이었다면, AI 혁명은 인지혁명에 가깝다. 인간의 지적 노동을 상당 부분 대체하거나 증강할 수 있는 기술의 등장은 비즈니스의 기본 룰을 완전히 재정의하고 있다. 다시 한번 두렵고, 부담스럽지만 나는 지금 DX에서 한 발 더 나아가 AX를 직접 실천하고 있다. 이 책은 그 경험의 집합체다. 실무에서 부딪힌 문제, 실패와 시행착오, 그리고 성과의 순간들을 숨김없이 담았다. 어떤 AI 도구를 선택해야 하는지, 어떻게 직원들의 반발을 최소화할 수 있는지, 투자 대비 효과를 어떻게 측정할 수 있는지 등 실질적인 가이드를 제공하고자 한다.

이 책은 단지 사장님만을 위한 책은 아니다. 직장인에게도, 창업을 고민하는 예비 창업자에게도 AX는 기회다. 직장인이라면 AI 기술을 익혀 자신의 업무 효율을 높이고 새로운 가치를 창출함으로써 경력을 발전시킬 수 있다. 이미 많은 기업들이 AI 활용 능력을 갖춘 인재를 우대하고 있으며, 이러한 추세는 앞으로 더욱 강화될 것이다. AI를 활용해 기존에 6시간 걸리던 작업을 1시간으로 단축할 수 있다면, 그 5시간을 더 창의적이고 전략적인 업무에 투자할 수 있다. 이는 개인의 업무 만족도를 높이고, 조직에 더 큰 가치를 제공하는 길이다. 예비 창업자라면 AI를 활용해 적은 초기 자본으로도 경쟁력 있는 비즈니스 모델을 구축할 수 있다. 과거에는 많은 인력과 자본이 필요했던 서비스도 이제는 소수의 팀과 AI의 협업으로 구현할 수 있게 되었다. 스타트업의 성공 가능성을 높이는 핵심 요소 중 하나가 바로 AI 활용 능력이다. 지금 이 시대는, 적은 자본으로도 기술과 전략을 통해 큰 성과를 낼 수 있는 유례없는 시대다. 문제는 그것을 아느냐, 그리고 언제부터 준비하느냐다. 첫 발을 내딛는 순간, 당신은 이미 경쟁자의 절반을 앞서있는 것이다.

나는 지난 2012년, 『평생 남의 일만 할 거야?』라는 책을 통해, 스스로 주도하는 삶의 필요성을 말한 바 있다. 그리고 지금, 『사장님, 이젠 AX입니다』를 통해 말하고자 한다. 세상이 변했다. 과거의 방식으로는 버틸 수 없다. 한국 경제의 중추인 중소기업이 AI 시대에 뒤처진다면, 그것은 개인의 실패를 넘어 국가 경쟁력의 하락으로 이어질 것이다. 우리는 AI를 두려워할 것이 아니라, 그것을 도구로 삼아 더 높이 도약해야 한다. 누구보다 먼저 깨닫고, 실행하는 사람이 다음 시대의 주인공이 된다. 그 시작에 이 책이 함께하길 바란다. 이 책은 단순한 기술적 안내서가 아니다. 우리 중소 기업이 AI 혁명 속에서 살아남고, 번영하기 위한 전략적 로드맵이다. 우리는 함께 두려움을 넘어 새로운 가능성을 향해 나아갈 것이다. 변화의 시대에, 변화를 주도하는 자가 미래를 만든다. 당신의 회사가 AI 시대의 주인공이 되길 진심으로 응원한다. 이제, 행동할 시간이다.

제 1장 AX, 어떻게 바라보아야 하는가?

AX(AI Transformation)를 단순히 기술의 진보로만 이해하는 것은 본질을 놓치는 일이다. 우리가 다루려는 것은 도구의 변화가 아니라, '일'과 '조직'과 '사람'에 대한 근본적인 인식의 전환이다. 이를 제대로 이해하려면, 먼저 AX라는 개념이 어디서부터 출발했는지를 살펴보아야 한다. 세계적인 석학들과 미래학자들은 이미 오래전부터 인간과 기계, 데이터와 판단, 자동화와 창의성의 경계를 탐색해 왔다. 이 장에서는 본격적인 실무와 전략을 다루기에 앞서, AX의 철학적·이론적 기반을 먼저 짚어보려 한다. 그래야만 우리는 도구가 아닌 본질을, 자동화가 아닌 변화의 의미를 온전히 이해할 수 있다.

1. 1. 인공지능과 인간, 새로운 동반자 관계의 출현

"AI는 인간의 감정, 생각, 욕망을 읽고 예측하고 반응하는 존재로 진화할 수 있다."

유발 하라리(Yuval Noah Harari)는 2018년 다보스 세계경제포럼에서 이 같은 경고를 남겼다. 그의 말은 AI가 단순한 계산 기계가 아니라, 인간 내부의 심리와 행동을 예측하고 반응하는 존재로 진화하고 있음을 암시한다.

이는 기술 그 자체의 문제가 아니다. 오히려 인간과 기계가 어떤 관계를 맺게 될 것인가에 대한 깊은 철학적 질문으로 이어진다. 하라리는 기술의 진보가 우리에게 단순한 효율성의 증대가 아니라, 인간성의 본질을 다시 묻는 계기라고 말한다. 이제 우리는 "기계가 인간을 이해한다"는 말의 진정한 의미를 마주할 시점에 이르렀다. 이것은 철학적 사유의 영역을 넘어, 실제 비즈니스 현장에서도 중요한 함의를 갖는다.

중소기업에서 AI를 도입한다는 것은 단순히 시스템을 설치하거나 솔루션을 구매하는 일이 아니다. 그것은 '일'의 주체, 다시 말해 판단하고 대응하며 기획하는 중심축이 변화하는 일이다. 사람만이 할 수 있다고 여겨졌던 결정의 순간에 AI가 등장한다는 것은, 곧 조직 안에 새로운 파트너가 등장한다는 의미이기도 하다. 따라서 이 전환을 고민하는 리더의 질문은 "무엇을 자동화할 수 있을까?"보다는

"AI를 어떻게 조직의 일부로 받아들일 것인가?"여야 한다.

이러한 변화는 단지 프로세스를 개선하는 수준을 넘어서 조직 구조와 리더십 철학 자체를 재정의한다. AI를 단순한 보조 도구가 아니라 창의성과 판단력의 협력자로 상상하는 관점이 필요하다. 이는 마치 새로운 팀원을 채용하는 것처럼 신중한 설계가 필요한 과정이다. 어떤 업무를 맡기고, 어느 정도의 판단 권한을 줄 것인지, 그리고 인간과 기계의 역할은 어디에서 교차하며 어디서 분리되어야 할지를 정립하는 일이다.

AI는 인간의 역할을 위협하기 위한 존재가 아니라, 오히려 인간다움의 영역을 확장시킬 수 있는 가능성을 지닌 존재다. 다만 그 가능성은 기술의 성능이 아니라, 기술을 받아들이는 인간의 태도에 달려 있다. 하라리의 통찰은 단순한 위협의 메시지가 아니다. 그것은 근본적인 물음이다. "당신의 조직은 AI를 어떤 존재로 대하고 있는가?"

이 질문에 대한 답은 업종이나 규모가 아니라, 조직이 품고 있는 철학과 리더십의 태도에 달려 있다. AI를 효율을 높이는 수단으로만 보는 조직은 일정한 성과를 얻을 수 있을지 모르지만, 창조적인 돌파구를 만들기는 어렵다. 반면 AI를 파트너로 받아들이고, 지식과 아이디어의 공동 생산자라고 보는 조직은 인간과 기계의 협업을 통해 전례 없는 가치를 만들어낼 수 있다.

중소기업이 직면한 과제는 바로 이 지점에 있다. 한정된 자원 안에서 기술의 혁신성과 인간 중심의 가치를 동시에 추구해야 하는 현실. 이때 AI의 도입은 단순한 툴의 선택이 아니라 조직의 존재 방식에 대한 성찰의 계기가 되어야 한다. 하라리가 제기한 물음을 위협이 아닌 기회로 인식하고, 각 조직은 스스로에게 맞는 인간-AI 협력의 철학과 방식을 구축해 나가야 할 것이다.

옥스퍼드대학교의 철학자 닉 보스트롬(Nick Bostrom)은 'Superintelligence: Paths, Dangers, Strategies(2014)'에서 이렇게 썼다.

"초지능의 출현은 아마도 인간 역사상 가장 중요한 사건이 될 것이다."

그는 AI가 인간의 지능을 넘는 순간, 그 이후의 기술 진보는 기하급수적으로 가속화될 수 있다고 말한다.

보스트롬은 AI의 위험을 단순한 개인정보 유출이나 자동화에 따른 일자리 감소로 보지 않는다. 그는 AI가 인간의 가치와 다른 방식으로 목표를 추구할 가능성, 이른바 '정렬 문제(alignment problem)'를 해결하지 못할 경우, 인류는 통제권을 상실할 수 있다고 강조한다. 이 문제는 기술적 차원을 넘어 윤리와 존재론의 문제이며, 인류의 생존 조건과 직결된다.

보스트롬의 경고는 '지능 폭발(intelligence explosion)'이라는 개념 위에 세워져 있다. 초지능이 자기 개선 능력을 갖추게 되면, 그 지능의 성장 속도는 인간의 예측과 개입을 허용하지 않을 정도로 기하급수적으로 가속화될 수 있다. 그리고 만약 그 초지능이 인간의 가치와 일치하지 않는 목표를 설정하게 된다면, 그 결과는 비가역적이며 치명적일 수 있다.

이에 대해 보스트롬은 몇 가지 위험 완화 전략을 제시했다. 그 중 하나는 'AI 봉쇄(containment)' 개념으로, 고도화된 AI를 제한된 환경 내에서만 작동하게 만드는 것이다. 또 하나는 '가치 정렬(value alignment)'로, AI가 인간의 복지와 번영을 목표로 하도록 설계하는 방향이다. 하지만 그는 이들 전략이 완전한 해결책이 될 수 없음을 인정하며, 가장 중요한 태도로 '기술적 신중함(technological prudence)'을 강조한다. 즉, 발전 속도를 늦추더라도 충분한 검토와 준비를 동반한 접근이 필요하다는 뜻이다.

보스트롬의 관점은 단순한 기술적 시나리오를 넘어선다. 그는 인간이 더 이상 우주에서 유일한 지능이 아닐 수 있으며, 우리보다 더 뛰어난 존재와 공존할 가능성에 대비해야 한다고 말한다. 이 관점은 인간 중심주의적 사고방식에 대한 근본적인 도전이며 인간 존재의 의미와 위치를 다시 정의하는 철학적 질문이다.

그는 "초지능 시대에 인간의 가치, 의미, 목적에 대한 깊은 성찰 없이 기술만 앞서 나간다면 이는 오히려 인간 소외를 심화시킬 수 있다"고 경고한다. 따라서 그는 AI 개발자 뿐만 아니라 철학자, 정책 입안자, 일반 시민 모두가 참여하는 다학제적 대화의 필요성을 강조한다.

이러한 관점은 얼핏 보기에 중소기업 경영과는 거리가 있어 보인다. 그러나 실제로는 기술을 바라보는 관점, 도입과 활용의 방식, 그리고 미래에 대한 조직의 태도를 뿌리부터 점검하게 만든다. AI 기술의 도입은 단지 속도 경쟁이 아니라 그 기술이 조직의 가치, 고객의 삶, 사회적 책임과 얼마나 일치하느냐의 문제이기도 하다. 이 지점에서 보스트롬의 '가치 정렬' 개념은 중소기업에 매우 실질적인 통찰을 제공한다.

예컨대 고객 응대나 데이터 분석, 인사 평가 등에 AI를 활용할 때 그 알고리즘이 어떤 가치와 판단 기준 위에서 작동하는지 명확히 설정하지 않으면 브랜드 신뢰와 고객 충성도는 기술에 의해 쉽게 훼손될 수 있다. 이처럼 '기술 윤리'는 이제 대기업의 전유물이 아니라 모든 기업의 지속가능성과 직결된 리스크 관리의 핵심 요소가 되고 있다.

또한 보스트롬이 제안한 '기술적 신중함'은 자원이 제한된 중소기업에게 더욱 현실적인 전략이다. 다양한 SaaS 기반 AI 솔루션이 쏟아지는 시대에, 무조건 빠르게 도입하는 것이 아니라 조직의 역량과 상황에 맞는 기술을 단계적으로 실험하고 조정하는 접근이 필요하다. 결국, 선택의 기준은 '최신성'이 아니라 '적합성'이어야 한다.

1. 2. 생산성과 인간성의 공존은 가능한가?

"새로운 기술은 즉각적으로 효과를 보이지 않는다. 생산성은 처음에는 하락하고, 이후 비로소 상승한다. 그것이 기술의 진짜 궤적이다."

MIT의 에릭 브린욜프슨(Erik Brynjolfsson) 교수는 이같은 인식을 '생산성 J-커브(Productivity J-curve)'라는 이론으로 정식화했다. 그는 AI의 도입이 초기에 오히려 성과 저하를 초래할 수 있으며, 이는 기술의 실패가 아닌 '조직의 학습 곡선'이라고 말한다.

브린욜프슨은 새로운 기술이 조직 안에 진입할 때 발생하는 혼란, 학습 비용, 기존 시스템과의 충돌을 'J-커브 효과'로 설명한다. 기술은 처음에는 조직의 생산성을 저해하지만, 일정 시점을 지나 내재화되면 폭발적인 상승을 이끈다. 중요한 것은, 임계점까지 이르는 그 과정을 경영진과 조직 구성원이 어떻게 통과하느냐이다.

많은 기업들이 AI 도입 직후 원하는 성과를 얻지 못하고 좌절한다. 하지만 브린욜프슨은 이러한 결과가 기술의 한계 때문이 아니라, 조직이 기술과 함께 성장해야 하는 내부 적응의 과정 때문이라고 본다. 특히 이 시기에는 업무 프로세스와 기술 간 마찰, 학습 곡선, 시스템 통합의 병목 현상이 복합적으로 작용한다.

이 이론은 분명한 시사점을 준다. AI 트랜스포메이션(AX)은 단기 효과가 아니라 구조 전환의 관성 돌파를 전제로 한다는 것이다. 특히 중소기업의 경우, 사장이 기술을 도입할 때 주목해야 할 것은 단기적 수치가 아니라 조직의 내적 변화에 대한 철학과 인내다. 기술은 설치보다 정착이 어렵고, 정착보다 문화화가 더 어렵다.

AI의 도입은 단순한 툴의 도입이 아닌, 조직의 문화적 재설계를 요구한다. 단기적인 생산성 하락은 어쩌면 불가피하다. 따라서 기업은 장기적인 안목 아래 구성원들이 새로운 도구에 익숙해지고 창의적으로 활용할 수 있도록 교육, 시간, 심리적 여유를 확보해야 한다.

이 곡선이 의미하는 또 하나의 통찰은 인간 역할의 재배치다. 기계가 반복을 맡고 인간은 창의와 전략을 맡는 구조. 브린욜프슨은 이를 "사람을 줄이는 것이 아니라, 사람을 본래의 자리로 되돌리는 것"이라 말한다. 자동화는 효율화가 아닌 인간성 회복의 조건이 될 수 있다.

이런 맥락에서, 반복적이고 정형화된 업무는 AI에게 위임되고 인간은 보다 전략적이고 창의적인 과업에 집중하게 된다. 이는 단순한 효율성의 문제를 넘어 노동의 질과 의미를 다시 묻는 본질적 전환이다.

물론 이 변화는 저절로 일어나지 않는다. 기업은 구성원들이 새로운 역할에 적응할 수 있도록 역량 개발과 역할 재설계를 동시에 지원해야 하며, AI와 인간의 협업이 상호 보완적 시너지를 내도록 조직 차원의 설계가 필요하다.

브린욜프슨의 J-커브 이론은 결국 기술의 문제가 아닌, 사람의 문제임을 일깨운다. 성공적인 AI 도입은 기계가 아닌 사람의 선택, 설계, 리더십에 달려 있다. 생산성과 인간성이 양립 가능한 목표라는 주장은 이제 철학이 아니라 충분히 실현 가능한 AX 전략의 현실이 될 수 있다.

UCLA의 시앙 안소니 첸(Xiang Anthony Chen) 교수는 인간-AI 상호작용에서 사용자의 피드백과 맥락을 중심으로 AI가 적응하도록 하는 구조에 주목해 왔다. 그는 인간 중심의 AI 설계를 위해서는 상호작용(interaction) 자체를 확장하는 구조적 접근이 필요하다고 강조한다. 그는 특히 생성형 AI가 화려한 출력이나 유창한 문장 생성에 머무르지 않고 인간의 가치와 의도, 맥락을 이해하며 실시간으로 상호작용하는 협력자로 진화해야 한다고 본다.

이러한 철학은 생성형 AI가 단순히 대화를 흉내 내는 것 이상으로, 인간과 함께 사고하고 의사결정을 지원할 수 있는 방식으로 설계되어야 함을 뜻한다. 첸 교수는 AI가 "사람의 의도를 읽고, 그 맥락을 반영해 응답할 수 있는 구조"를 지향해야 한다고 말하며 같은 질문일지라도 사용자의 전문성, 사회문화적 배경, 상황적 맥락에 따라 서로 다른 응답을 제공할 수 있어야 한다고 주장한다.

그의 연구는 특히 인간-AI 상호작용에서 사용자 피드백을 중심으로 한 적응적 학습 구조에 주목한다. 단지 사전에 훈련된 지식을 반복하는 정적 시스템이 아니라, 사용자와의 지속적인 상호작용을 통해 학습하고 조정할 수 있는 동적 AI 모델을 지향하는 것이다. 이는 강화학습 기반의 피드백 수렴(RLHF)이나 인터랙티브한 피드백 루프와 같은 메커니즘으로 구현될 수 있으며, 이를 통해 AI는 점차 사용자에 맞는 지능형 동반자로 진화할 수 있다. RLHF는 AI가 스스로 학습하는 과정에서, 인간이 직접 피드백을 주고 이 피드백을 바탕으로 AI가 더 나은 결과를 내도록 최적화하는 머신러닝 기법을 말한다. 예를 들어, AI가 생성한 답변에 대해 사람이 "좋다" "나쁘다" 등으로 평가하면 AI는 이 평가를 보상 신호로 삼아 학습을 반복하며 점점 더 인간의 기대에 맞는 결과를 내도록 발전하는 원리이다.

이러한 관점은 중소기업에게 매우 실질적인 시사점을 준다. 현장에서는 다양한 역할과 직무가 혼재되어 있고, 구성원마다 디지털 역량이나 업무 방식도 상이하다. 이때 AI는 정형화된 인터페이스에서 벗어나 각 구성원이 자신의 언어와 업무 흐름에 따라 상호작용할 수 있는 유연한 구조를 갖춰야 한다. 기술 친화적인 기획자와 현장 중심의 운영 인력이 모두 AI와 효과적으로 협업하려면, AI는 그들의 문맥을 읽고 적응하는 능력을 갖춰야 하기 때문이다.

첸 교수는 이러한 지능형 적응성을 통해 AI가 점점 더 사람과 비숱한 사고 흐름을 따르고, 나아가 인간의 판단과 협업하는 존재로 기능해야 한다고 말한다. 그는 "AI는 인간의 사고와 분리된 존재가 아니라, 인간의 사고를 확장하고 그것에 함께 참여하는 존재가 되어야 한다"고 강조한다. 생성형 AI의 진화 방향은 결국 단절된 지능이 아니라 연속적인 상호작용의 지능, 다시 말해 '함께 일하고 함께 배우는 동료'로서의 AI를 목표로 삼아야 한다는 것이다.

이러한 맥락에서 보면, 중소기업이 AI를 단순히 비용 절감이나 반복 업무 자동화의 수단으로만 이해하는 것은 매우 제한적인 접근이다. AI는 조직 내 다양한 구성원의 판단을 보완하고, 더 나아가 공동의 목표를 이해하며 그에 기여하는 파트너가 될 수 있어야 한다. 특히 빠르게 변하는 시장 환경과 제한된 인적 자원을 가진 중소기업에게 있어, 이러한 '함께 성장하는 AI'는 기술적 전환을 넘어 전략적 생존 모델이 될 수 있다.

AI가 조직의 일과 흐름을 학습하고 점차 각 역할에 맞는 맞춤형 도움을 제공할 수 있게 될 때, 비로소 기술은 사람을 대체하는 것이 아니라 사람을 강화하고 협력하는 존재로 자리매김할 수 있다. 첸 교수가 말한 인간 중심의 AI는 궁극적으로 기술을 통한 인간성의 확장을 지향하며, 이것이야 말로 디지털 전환을 넘어선 진정한 AI 전환(AX)의 철학적 출발점이 될 수 있다.

1. 3. 인간 중심 AI: 테크노로지컬 휴머니즘

"AI는 인간을 위해 봉사해야 합니다."

스탠퍼드대학교의 페이페이 리(Fei-Fei Li) 교수는 기술 발전의 한가운데에서 이러한 명확한 선언을 남긴다. AI 기술이 점점 더 정교해지고 복잡해질수록, 사람들은 "우리는 이 기술을 통제할 수 있는가?"라는 질문에 직면하게 된다. 리 교수는 이 질문을 두려움이나 회피가 아닌, 인간 중심적 책임감의 문제로 받아들여야 한다고 강조한다. 기술은 어디까지나 도구이며, 그것이 어떤 윤리적 방향으로 작동할지는 전적으로 인간의 선택과 태도에 달려 있다는 것이다.

페이페이 리 교수는 'Human-centered AI'라는 개념을 통해 기술이 인간의 존엄과 가치를 중심에 두고 설계되어야 한다고 강조한다. 이는 기술의 진보가 인간의 존엄성과 가치를 중심에 두고 설계되어야 한다는 신념에 기초한다. 리 교수는 AI가 인간의 능력을 대체하는 것이 아니라 인간의 잠재력과 창의성, 삶의 질에 기여해야 한다고 본다. 기술은 도약의 수단이지, 방향 자체가 되어서는 안 된다는 것이다.

이 관점은 중소기업에게도 예외가 아니다. 조직의 규모가 작다고 해서 기술 윤리로부터 자유로울 수는 없다. 오히려 중소기업일수록 고객과 더 가까이 맞닿아 있고 내부적으로도 구성원 간 신뢰와 자율성이 운영의 기반이 되기에, AI를 도입하는 초기 단계부터 그 철학과 기준을 명확히 설정하는 일이 더욱 중요하다.

인간 중심의 AI를 구현하기 위해서는 기술적인 우수성만으로는 부족하다. 투명성, 설명 가능성, 다양성 존중, 데이터 프라이버시 같은 사회적·윤리적 고려사항이 동등하게 다뤄져야 한다. AI 시스템은 사용자에게 그 판단 과정을 설명할 수 있어야 하며, 알고리즘이 특정 집단에 불리하게 작동하지 않도록 설계되어야 한다. 기업은 데이터를 어떻게 수집하고 저장하는지를 분명히 하고, 이해관계자 모두의 권리와 이익이 균형 있게 고려되도록 해야 한다.

더 나아가 인간 중심 AI는 기술이 인간의 윤리적 판단력, 직관, 창의성을 보완하고 강화하는 방향으로 작동해야 한다는 점을 의미한다. 단순히 자동화된 의사결정을 구현하는 것을 넘어 그 의사결정의 과정을 인간이 이해하고 개입할 수 있도록 설계해야 한다. 인간의 감독이 배제된 자동화는 편리할 수는 있지만, 신뢰받을 수는 없다. 그래서 리 교수는 AI가 인간과 협력하는 방식으로 진화해야 하며, 그 관계의 핵심은 "책임 있는 설계(responsible design)"라고 말한다.

AI 전환(AX)은 단지 업무의 효율화를 의미하지 않는다. 그것은 조직의 문화와 철학을 새롭게 설계하는 작업이다. 고객 데이터는 어떻게 다뤄지고 있는가? 자동화된 의사결정은 얼마나 투명한가? 구성원은 변화된 업무 환경에 어떻게 참여하고 있는가? 이 질문들에 대한 진지한 답변 없이는, 기술은 조직의 발전이 아니라 혼란의 기제가 될 수 있다.

중소기업은 자원이 제한되어 있다는 이유로 이 모든 것을 포기할 수는 없다. 오히려 제한된 자원은 선택의 집중을 요구하며, 그 선택이 올바른 방향으로 이뤄진다면 대기업보다 더 빠르고 유연하게 윤리적 AI를 실현할 수 있다. 의사결정 과정이 간결하고, 조직 문화가 덜 경직되어 있다는 점은 오히려 인간 중심 전략을 내재화 할 수 있는 기회가 된다.

'작은 회사이기 때문에 더 인간적일 수 있다'는 말은 이제 단순한 이상이 아니라 실질적인 전략이 될 수 있다. 그것은 AI 기술을 어떻게 도입하고 어떤 기준을 세우는가에 달려 있다. 테크노로지컬 휴머니즘의 관점에서 보면, 중소기업은 기술의 중심에 인간을 두는 철학적 선택을 통해 고객과 구성원 모두에게 더 깊고 의미 있는 경험을 제공할 수 있다. 그리고 그것이 바로, 진정한 AX가 지향해야 할 길이다.

> *"AI는 인간의 행동을 이해하고, 맥락 속에서 판단하는 존재로 진화해야 한다."*

베이징대학교 및 중국 인공지능 연구기관 BIGAI를 이끄는 송춘 주(Song-Chun Zhu) 교수는 인공지능이 단순한 계산 도구를 넘어, 인간과 함께 판단하고 협력하는 '인지적 동반자(cognitive partner)'로 설계되어야 한다고 주장한다. 그는 컴퓨터 비전, 지식 표현, 인지적 추론을 융합해 인간 수준의 지능(AGI)을 향한 구조적 기반을 구축해온 대표적인 학자이며, 특히 사회적 인지(social cognition)와 가치 정렬(value alignment)의 구현을 중점적으로 연구해왔다.

송춘 주 교수의 연구는, 정적인 정보처리 능력을 넘어 AI가 인간의 감정·의도·목적을 실시간으로 추론하고 이에 반응할 수 있어야 한다는 철학적 문제의식에서 출발한다. 2022년 발표한 논문 「In-situ Bidirectional Human-Robot Value Alignment」에서 그는, 인간과 AI가 협업 중 실시간 피드백을 통해 상호 의도를 이해하고 조율해가는 방식을 제시했다. 이는 안면 표정, 시선, 동작 등 다중 비언어적 신호를 통해 인간의 내면을 추론하고 그에 따라 행동을 조정하는 방식의 '상호작용 기반 지능'을 구조화한 결과다. 그는 AI가 정확한 정답을 산출하는 도구가 아닌 모호하고 맥락적인 인간 세계를 함께 해석하는 파트너가 되어야 한다고 강조한다.

이 같은 철학은, AI를 단순한 기술 시스템이 아닌 사회적 존재로 인식하게 한다. 그는 "AI가 인간과 함께 살아가려면, 단방향 명령 체계가 아닌 실시간 상호작용의 구조가 필요하다"고 말한다. 기술이 감정에 무감각할수록 조직은 점점 인간성을 잃고 반대로 감정과 맥락에 민감한 기술은 오히려 조직 문화를 회복시키는 매개가 될 수 있다는 그의 주장이 시사하는 바는 매우 크다.

이러한 관점은 특히 중소기업의 현실과도 연결된다. 구성원의 감정 상태나 업무 리듬, 고객의 언어와 피드백은 대개 매뉴얼 바깥에서 발생한다. 예컨대 구성원의 표정이나 말투, 말의 속도를 바탕으로 스트레스나 피로도를 추정하고 그에 따라 휴식이나 대화를 권유하는 시스템은 단순한 자동화를 넘어선다. 이는 정서적 리더십이 기술을 통해 구현되는 사례이며, 심리적 안전감이 내재된 조직문화의 설계와도 직결된다.

한편, 송춘 주 교수는 2024년 AGI 프로젝트 'Tong Tong'을 통해, AI가 지식뿐 아니라 감정·관계·행동 등을 학습하는 '인지적 자율성의 존재'로 성장해야 한다는 점을 강조했다. 이는 인공지능이 단지 인간을 흉내 내는 존재가 아닌 함께 살아가는 존재로 기능해야 한다는, 그의 일관된 철학의 연장선이다. 그는 "AI는 인간의 삶을 보조하는 도구가 아니라, 인간성과 공존할 수 있는 존재로 설계되어야 한다"고 말한다.

이러한 시각은 단순한 철학적 주장에 머무르지 않는다. 중소기업에게 있어 정서 기반 서비스 설계는 새로운 시장을 여는 열쇠가 될 수 있다. 예컨대 고령자 돌봄, 정서 케어, 심리 기반 상담 지원 등은 대규모 기술보다 작고 민감한 감정 기반 솔루션이 더 유의미한 작동을 하는 분야다. 비록 주 교수가 해당 분야를 직접 다루지는 않았지만 '사회적 인지 기반 AI 철학'은 정서 중심 AI의 응용 가능성을 여는 실험 기반을 제공한다.

종합하면, 송춘 주 교수가 제시하는 인간 중심 AI의 비전은 명확하다. 그것은 감정과 맥락을 읽고 함께 판단하고 협력할 수 있는 AI다. 이는 책임 있는 설계(responsible design)의 구현이며, 단순한 기술적 성능을 넘어선 존재론적 상상력에 기반한다. 중소기업이 이 철학을 품고 기술을 도입할 수 있다면, AI는 비용 절감의 도구가 아니라 조직의 정체성과 가치를 확장하는 진정한 동반자가 될 수 있다. 그리고 그것이야말로 AX(AI Transformation)의 본질이자 사람을 위한 기술이 나아가야 할 방향이다.

1. 4. 사회적 선을 위한 AI(AI for Social Good)의 역할

"AI는 기술이 아니라, 사회적 신뢰를 구축하는 도구가 되어야 한다."

카네기멜론대학교의 페이 팡(Fei Fang) 교수는 인공지능이 사회적 약자를 위한 구조적 개선 도구로 기능해야 한다는 확고한 철학을 가지고 AI 연구를 이끌고 있다. 그녀는 AI를 통해 범죄 예방, 의료 형평성 향상, 교육 접근성 확대, 재난 대응 등 실질적인 사회문제를 해결할 수 있는 방향성을 제시하며 이 모든 노력의 핵심에는 "신뢰 가능한 AI 설계"가 있다고 강조한다.

팡 교수는 특히 게임 이론, 기계학습, 정책 최적화 기술을 결합해 공공 문제 해결을 위한 AI 활용 모델을 개발해 왔다. 그녀의 대표적인 연구는 범죄 예방을 위한 예측 알고리즘 설계에 있다. LA 경찰과 협업했던 프로젝트에서는 리소스가 제한된 상황에서 순찰 경로를 효율화하고 범죄 가능성을 예측하는 알고리즘을 고안하여, 공공 자원을 전략적으로 분배할 수 있는 모델을 제시했다.

하지만 그의 문제의식은 단순한 효율성에 머무르지 않는다. 팡 교수는 AI 기술이 의도치 않은 편향이나 차별을 강화하지 않도록 설계되어야 한다는 점을 반복해서 강조한다. 그의 연구는, 특정 지역이나 인종에 대한 선입견을 데이터가 강화할 가능성에 대해 경고하고 이를 막기 위한 설명 가능성(explainability)과 공정성(fairness)의 필요성을 강변한다. AI가 사회적 신뢰를 얻기 위해서는 기술적 우수성뿐 아니라 윤리적 투명성이 전제되어야 한다는 것이다.

이러한 팡 교수의 관점은 중소기업에게도 중요한 시사점을 제공한다. 대기업에 비해 자원이 부족한 중소기업은 지역사회와의 긴밀한 관계를 통해 성장하는 경우가 많다. 따라서 AI를 도입할 때 단순히 비용 절감이나 자동화 도구로만 보는 것을 넘어, 고객과의 신뢰를 강화하고 사회적 가치를 창출하는 방향으로 설계할 필요가 있다. 고령층 대상의 지역 헬스케어 서비스, 취약계층을 위한 맞춤형 교육 플랫폼, 혹은 기후 대응형 물류 시스템 등 중소기업이 사회적 니즈에 기민하게 대응할 수 있는 분야가 특히 그렇다.

팡 교수는 기술만으로는 사회적 불평등을 해결할 수 없으며 AI는 더 넓은 사회적, 경제적, 정치적 변화의 촉매가 되어야 한다고 말한다. 이를 위해서는 AI 시스템이 현장의 복잡한 맥락을 이해하고 실제 사용자들과의 협업을 통해 설계되어야 한다. 즉, 현장성과 투명성, 그리고 공동체 중심의 사고가 AI 설계에 통합되어야 한다는 것이다.

중소기업에게 이 메시지는 매우 실천적인 조언이 된다. AI를 단지 '자동화 수단'으로 보지 않고 신뢰 기반의 경쟁력 창출 수단으로 바라본다면, 기술 도입은 곧 조직 문화의 진화가 될 수 있다. 기술의 도입 목적을 분명히 하고 작동 원리를 설명할 수 있으며 고객과 구성원 모두가 그 효과를 체감할 수 있다면, AI는 조직의 진정한 파트너가 된다.

궁극적으로 팡 교수가 제시하는 방향은, 중소기업이 작은 기술로 큰 신뢰를 만드는 방식이다. 사회의 균열과 불균형을 AI가 메우는 데 기여할 수 있다면, 그것이 바로 AX(AI Transformation)의 사회적 완성이다. 혁신은 기술 그 자체보다 기술을 어디에, 어떻게, 누구를 위해 쓰느냐에 달려 있다. 중소기업은 그 선택을 통해 세상을 바꾸는 작지만 깊은 발걸음을 시작할 수 있다.

AI 기술은 오랫동안 생산성과 효율을 상징하는 혁신의 언어로 사용되어 왔다. 하지만 오늘날의 담론은 점차 그 궤를 달리하고 있다. 이제 우리는 AI를 단지 성능의 도구로 보는 것을 넘어서, 사회적 책임과 공동체적 신뢰를 재구성하는 매개체로 삼아야 한다는 새로운 질문에 직면하고 있다. 바로 'AI for Social Good', 즉 인간과 사회를 위한 기술이라는 관점이다. 이 흐름은 단지 거대한 담론이나 선진국 중심의 기획에 그치지 않는다. 오히려 더 작고 밀착된 단위에서 실현 가능성이 높아진다. 중소기업은 지역사회와의 근접성, 고객과의 깊은 상호작용, 조직 내 신뢰 기반 운영이라는 특성을 갖고 있기에 AI 기술을 통해 사회적 가치를 실현할 수 있는 실제적 거점이 될 수 있다.

Microsoft Research의 선임 리서처이자 AI for Good 프로젝트의 공동 리더인 레드완 아비치(Redwan Abeach)는 "AI는 단지 스마트한 기술이 아니라, 더 나은 사회를 만드는 도구여야 한다"고 강조한다. 이 말은 기술이 지향해야 할 궁극적 방향성을 명확히 제시한다. AI는 단순히 인간의 작업을 대체하거나 보조하는 것이 아니라, 공동체의 삶을 이해하고 그것을 더 나은 방향으로 이끄는 역할을 해야 한다는 철학을 담고 있다. 구글 딥마인드 출신이자 'Cohere for AI'를 이끄는 세라 후커(Sara Hooker) 또한 비슷한 통찰을 공유한다. 그는 "우리가 AI 시스템을 설계할 때, 그것은 결국 우리가 누구를 위해 기술을 설계하고 있는지를 묻는 철학적 질문이다"라고 말한다. 기술의 윤리는 단지 결과의 문제이기보다 처음 설계 단계에서부터 반영되어야 할 존재론적 태도라는 의미다.

중소기업의 관점에서 이 질문은 더욱 절실하다. 대기업이 방대한 자원으로 AI 시스템을 설계하고 테스트할 수 있는 반면, 중소기업은 기술의 영향을 곧바로 조직의 생존과 연결시켜야 하기 때문이다. 이러한 상황에서 중요한 것은 기술의 '정교함'이 아니라 '적합성'이며, 사회적 현실을 반영한 감각이 투영된 설계다. 가령, 고령화가 빠르게 진행되고 있는 한국의 지역사회에서는 AI 기반의 생활 모니터링 시스템이 독거노인의 안전을 감지하고 일정 이상 이상 신호가 감지될 경우 보호자나 지역센터에 즉시 통보할 수 있는 구조를 제안할 수 있다. 이러한 시스템은 고도화된 딥러닝 기술보다는 오히려 공동체의 요구와 일상적인 정서에 맞춘 직관적이고 신뢰 기반의 설계가 우선이다. 이처럼 중소기업이 사회적 가치를 중심에 둔 기술 활용 전략을 수립할 경우, AI는 단지 자동화의 도구가 아니라 '공공성과 고객 경험을 확장시키는 플랫폼'으로 재해석될 수 있다.

이를 위해 중소기업이 고려해야 할 요소는 세 가지다. 첫째는 맥락 감수성이다. 기술은 고객이나 구성원의 언어, 행동, 문화, 정서를 읽지 못하면 오히려 불신의 기제가 되기 쉽다. 둘째는 투명성이다. AI 시스템이 어떤 방식으로 판단하고 실행하는지를 사용자에게 설명할 수 있어야 한다. 이 투명성은 단지 기술적 정보공개가 아니라 브랜드와 서비스에 대한 신뢰의 조건이 된다. 셋째는 공존 전략이다. AI가 인간의 업무를 대체하는 것이 아니라 보완하고 협업할 수 있는 구조로 설계되어야 한다. 반복 업무는 자동화하되 창의와 판단의 여지는 인간에게 남겨지는 구조야말로 지속 가능성과 연결된다.

결국 'AI for Social Good'은 대규모 인프라를 갖춘 조직만이 실행할 수 있는 프로젝트가 아니다. 오히려 민첩하고 사회적 맥락에 민감하며 고객과 가까운 위치에 있는 중소기업이야말로 이 철학을 실현할 수 있는 최적의 토양을 갖고 있다. 중요한 것은 기술의 수준이 아니라, 기술을 바라보는 태도와 질문의 방향이다. AI는 사회를 위한 기술이 될 수도 있고 기술만을 위한 기술로 전락할 수도 있다. 그 갈림길에서 중소기업은 자신만의 사회적 상상력과 철학을 통해 기술을 해석하고 설계해야 한다. 그것으로써 생산성을 넘어선 진정한 AX(AI Transformation)의 존재가치를 획득하는 것, 한국 중소기업이 세계적 전환기에 보여줄 수 있는 가장 의미 있는 응답이 될 것이다.

1. 5. 경제 시스템의 재편과 AI 자본주의

노르웨이의 철학자 안데르스 인드셋(Anders Indset)은 인공지능(AI)의 등장이 단순한 기술 혁신을 넘어 자본주의의 본질을 흔들 수 있다고 본다. 그는 "양자 경제(Quantum Economy)"라는 개념을 통해, 우리가 익숙하게 여겨온 가치의 원리인 생산, 노동, 소유의 의미가 AI와 데이터 중심의 세계에서 전면적으로 재구성될 수 있음을 탐색한다. AI는 단지 생산성을 높이는 도구가 아니라 가치의 발생 자체를 바꾸는 존재로 이해되어야 한다는 것이다.

그의 이러한 통찰은 중소기업에게 주목할 만한 메시지를 던진다. 우리는 이제 물리적 자원이나 인프라의 크기가 아닌, 어떤 데이터에 접근하고 어떤 알고리즘을 이해하며 어떻게 이를 실질적 고객 가치로 연결하느냐가 경쟁력의 기준이 되는 시대에 진입했다. 인드셋이 이야기한 '양자 경제'는 바로 이 같은 전환을 지칭한다. 정량화 하기 어려운 패턴, 상호작용, 관계성, 예측 가능성 등이 새로운 자본의 핵심이 되는 구조다. 다시 말해, 인간 노동 중심의 산업사회와는 다른, 정보와 추론이 가치의 원천이 되는 질적으로 새로운 경제 질서가 펼쳐지는 것이다.

이와 같은 환경에서 '소유' 중심의 사고보다 '접근성과 활용성'에 집중하는 기업이 더 큰 기회를 얻을 수 있다고 해석한다. AI가 만들어내는 정보와 기능은 사실상 복제 비용이 거의 없고, 여러 사업자 간 공유될 수 있다. 따라서 제한된 자본을 가진 중소기업일수록, 고유 자산을 독점하려 하기보다는 이미 존재하는 AI 기술과 데이터를 어떻게 창의적으로 '재조합'하여 고객과 연결할 것인지에 집중하는 것이 현실적이고도 전략적인 접근이다.

또한, 인드셋의 논의는 '일(work)'의 의미 변화에 대한 철학적 질문을 던진다. 반복 가능하고 예측 가능한 작업은 AI가 점점 더 잘 수행하게 되면서 인간에게 남는 것은 오히려 창의성과 관계성, 그리고 맥락을 이해하고 판단하는 능력이다. 이는 단순히 인사 전략의 문제가 아니라 중소기업이 어떤 조직문화를 지향하고 어떤 역량을 육성할 것인지에 대한 본질적인 질문으로 이어진다. 말하자면, 이것은 AI 시대의 '작은 조직'이 생존하는 길이다. 기술로 자동화할 수 없는 영역에 집중하고, 사람의 감성과 통찰이 작동하는 구조를 만들어야 한다.

중소기업은 대기업처럼 자원을 독점하거나 AI 기술을 자체 개발하기 어렵다. 그러나 바로 그 이유로, 더 유연하고 빠르게 변화에 적응할 수 있다. 인드셋의 철학은 이러한 현실에 대해 회의가 아닌 긍정의 철학을 건넨다. 그는 AI의 등장을 인간성의 위기로 보지 않고 인간적 가치를 재발견할 수 있는 계기로 인식한다. 이 해석은 중소기업의 존재 이유와 정체성을 다시 생각하게 만든다. 우리는 단지 기술을 따라가는 존재 그 이상, 그러니까 기술의 방향을 스스로 선택하고 그 과정에서 새로운 사회적 가치를 창출할 수 있는 주체인 것이다.

결국, AI를 단순한 생산성의 도구가 아니라 기업의 철학과 방향성을 반영하는 매개체로 받아들일 수 있다면, 그것은 가장 강력한 차별화 수단이 될 수 있다. 기술을 어떻게 활용하느냐가 아니라, 무엇을 위해 활용하느냐가 기업의 운명을 가르는 시대. 이런 인식이야말로 인드셋이 던지는 질문인 동시에 중소기업이 받아들일 수 있는 실천적 교훈이다.

"AI는 새로운 전기다."

앤드류 응(Andrew Ng)은 이 비유를 통해 AI 기술이 단순한 기술적 진보가 아니라, 산업과 사회 전반을 재구성할 구조적 변화의 시작점임을 강조한다. 전기가 처음 세상에 등장했을 때 그것은 단지 어둠을 밝히는 기술로 여겨졌지만 실제로는 공장의 배치와 생산 방식, 인간의 노동 구조, 그리고 일하는 방식 전반을 바꿔 놓았다. AI도 마찬가지다. 표면적으로는 데이터 분석이나 고객 응대의 효율을 높이는 데 쓰일 수 있지만, 그 잠재력은 훨씬 깊은 층위에서 작동한다. 바로, 조직의 구조와 문화 그리고 기업이 세상과 맺는 관계의 방식까지 바꾸어 놓는 근본적 재편성의 가능성이다.

앤드류 응은 이러한 변화가 기술의 능력만이 아닌 기술을 받아들이는 방식에 달려 있다고 본다. 같은 AI 기술이라도 어떤 조직은 그것을 '생산성을 높이기 위한 자동화 도구'로 받아들이는 데 그치고, 다른 조직은 그것을 '미래의 일하는 방식을 설계하는 주체'로 받아들인다. 이 판단의 차이는 단순한 전략적 선택을 넘어 조직의 철학과 세계관, 그리고 자기 정체성에 관한 질문으로 이어진다. 결국, AI를 어떻게 다루는가는 "우리는 어떤 기업이 되고자 하는가?"라는 질문과 맞닿아 있다.

중소기업에게 이 질문은 더욱 날카롭게 다가온다. 대기업은 AI에 투자할 자본도, 기술을 실험할 여유도 있다. 반면, 중소기업은 선택의 여지가 많지 않다. 그렇기 때문에 더더욱, AI를 도입하는 방식은 기업의 정체성과 직접 연결된다. 단순히 효율을 높이기 위해 AI를 쓰는가, 아니면 새로운 고객 경험 새로운 업무 방식 새로운 가치창출의 구조를 설계하기 위해 AI를 활용하는가. 이에 대한 선택은 전혀 다른 결과를 가져온다.

이 지점에서 'AX'라는 개념이 부상한다. AI Transformation은 단지 기술을 도입하는 작업이 아니라, 조직 전체가 어떤 질문을 품고 미래를 설계하느냐에 따라 달라진다. AI를 '문제 해결 도구'로 보는 접근은 주어진 환경 내에서 최적화를 추구하는 방식이다. 이 방식은 비교적 안전하고 구현 가능성이 높지만, 동시에 혁신의 한계를 갖는다. 반면, AI를 '업무 설계의 주체'로 받아들이는 접근은 지금까지의 업무 방식 자체를 다시 설계하려는 시도다. 더 큰 위험을 감수해야 하고 더 많은 갈등과 재정비가 필요하지만, 궁극적으로는 지속 가능한 경쟁력을 갖춘 조직으로 거듭나게 하는 핵심 전략이 될 수 있다.

이러한 전환은 기술이 아닌 사람 중심의 전략이 되어야 한다. 기술을 통해 무엇을 자동화할 것인가보다 더 중요한 질문은, 기술이 자동화하지 못하는 인간의 능력과 가치는 무엇이며 그것을 어떻게 조직의 핵심으로 삼을 것인가이다. 창의성, 공감 능력, 관계 형성, 도덕적 판단, 이러한 비정량적 역량이야말로 AI 시대에 인간의 경쟁력을 구성하는 요소다. 따라서 중소기업은 AI 기술을 도입하는 동시에, 구성원들의 역량 구조를 어떻게 재설계할 것인가를 함께 고민해야 한다.

대표적으로, 중소기업은 AI 도입 시 단기적인 ROI만을 기준으로 접근하는 경향이 강하다. 하지만 '전기'가 단기간에 효과를 내기보다 시간의 흐름 속에서 점진적이면서도 전면적인 변화를 이끌어냈던 것처럼, AI도 시간이 지남에 따라 조직의 '존재 방식'을 바꾸는 촉매가 될 수 있다. 지금 당장의 성과보다 장기적인 생존 가능성과 브랜드의 정체성을 중심에 둔 전략이 필요하다. 앤드류 응이 말한 전기의 비유는, 단순히 기술의 영향력을 강조하기 위함이 아니라 조직이 기술을 받아들이는 철학적 태도를 묻기 위한 장치였다고 보는 것이 타당하다.

결국, 기술을 사는 것이 아니라 기술을 통해 질문을 설계하고 일의 의미를 다시 묻는 것 - 이것이 중소기업이 추구해야 할 AX의 본질이다. 이는 AI라는 기술을 넘어, 조직의 영혼과 미래를 어디에 둘 것인가에 대한 질문으로 이어진다.

앤드류 응의 강력한 통찰을 어떻게 해석하느냐는, 물론 각 기업의 몫이다. 중요한 것은, AI라는 '전기'를 어떻게 설계하고 누구를 밝히고 어떤 관계를 비추는가이다.

[결론] 한국 중소기업의 AX는 어떤 철학을 가져야 하는가?

AX는 단지 기술의 문제가 아니라 문화의 문제다. 특히 한국 기업, 그 중에서도 중소기업에서 AX는 '기술 도입'보다 '조직 구조와 리더십 방식'의 전환이 먼저 필요하다. 한국 기업은 여전히 수직적 리더십, 오너 중심의 의사결정, 비공식 커뮤니케이션에 의존하는 경우가 많다. 이런 구조에서 AI를 도입하면, 기술은 조직의 속도를 따라가지 못하고 겉도는 수밖에 없다.

중소 기업 문화의 이러한 특성은 AI 도입 과정에서 독특한 도전과 기회를 제공한다. 한편으로는 빠른 의사결정과 실행력이라는 장점이 있지만, 다른 한편으로는 데이터 기반 의사결정과 분산된 권한 구조를 요구하는 AI 시스템과의 문화적 마찰을 일으킬 수 있다. 따라서 한국 중소 기업의 AX는 단순히 글로벌 모델을 모방하는 것이 아니라, 한국적 맥락에 맞게 재해석되고 적용되어야 한다.

이러한 재해석의 핵심은 기존의 강점을 유지하면서도 새로운 패러다임에 적응하는 균형을 찾는 것에 있다. 예를 들면, 빠른 실행력과 결단력이라는 중소 기업의 장점을 유지하면서도 데이터에 기반한 의사결정과 투명한 정보 공유 문화를 점진적으로 구축해 나가는 방식으로 접근할 수 있다. 또한, 강한 공동체 의식과 단결력이라는 한국 조직 문화의 특성을 활용해 AI 도입을 전사적인 학습과 성장의 기회로 재구성할 수도 있다.

AX의 도입은 조직을 디지털화 하는 것이 아니라 조직이 '질문하는 방식'을 바꾸는 일이다. 기존에는 '누가 결정할 것인가'였다면, 이제는 '무엇을 AI에 맡길 것인가'라는 질문이 중심이 된다. 따라서 AI를 기술이 아닌 동료로 받아들이기 위해서는 리더부터 질문을 바꿔야 한다. 그 질문은 다음과 같다: "우리는 진정으로 데이터를 신뢰하고 있는가?", "우리 조직은 투명한 정보 구조를 갖추고 있는가?", "우리는 변화에 대해 합의할 수 있는 구조를 가졌는가?"

이러한 질문들은 단순한 기술적 고려사항을 넘어, 조직의 문화와 가치관에 대한 근본적인 성찰을 요구한다. 한국 기업이 AI를 효과적으로 도입하기 위해서는 먼저 이러한 내부적 성찰과 정직한 자기 평가가 선행되어야 한다. 오랜 관행과 익숙한 방식을 벗어나 새로운 관점을 받아들이는 과정은 도전적일 수 있지만, 이는 AI의 진정한 잠재력을 실현하기 위한 필수적인 단계다.

더 나아가, 한국형 중소기업 AX는 글로벌 트렌드를 받아들이면서도 한국 사회의 고유한 가치와 필요에 부응하는 방식으로 발전해야 한다. 가령 공동체 의식, 조화, 상호 존중과 같은 한국의 전통적 가치관은 AI 시스템 설계와 구현에 있어 중요한 지침이 될 수 있다. 또한 한국 사회가 직면한 고령화, 저출산, 양극화와 같은 특수한 도전들에 대응하는 방향으로 AI 기술을 활용하는 방안을 모색할 필요가 있다.

이러한 질문에 '그렇다'고 대답할 수 없다면, AI는 도입될 수 있어도 AX는 실패한다. 결국, AI는 도입의 문제가 아니라 준비의 문제다. 요컨대 한국형 AX는 기술 전략이 아니라 신뢰 기반의 조직 설계 전략으로 접근되어야 한다.

이러한 관점에서 한국 중소기업의 AX는, 단순히 글로벌 기업들의 첨단 기술을 따라잡기 위한 경쟁이 아니라 한국 경제와 사회의 지속 가능한 발전을 위한 새로운 패러다임을 창출하는 기회로 인식되어야 한다. 말하자면 기술적 혁신을 넘어, 조직 문화와 리더십의 혁신, 그리고 궁극적으로는 사회적 가치와 인간 존엄성에 기반한 새로운 비즈니스 모델의 창출로 이어져야 할 것이다. 이것이 바로 한국 기업이 추구해야 할 AX의 철학적 방향성이다.

제 2장 중소기업이 당면한 문제들

2.1. 중소기업의 고질적 문제 구조

SMB는 "Small and Medium-sized Business"의 약자로, 일반적으로 소상공인과 중소기업을 통칭하는 용어이다. Small Business는 보통 직원 수가 50인 미만이며 연 매출이 상대적으로 작고 창업자 본인이 직접 경영에 깊이 관여하는 경우가 많다. 한국에서는 예를 들어 음식점, 소매점, 소형 제조업체 및 서비스업체 등이 광범위하게 해당된다. Medium Business는 직원 수는 약 50~300명 사이이며 사업 규모도 좀 더 크고 조직화되어 있지만 여전히 대기업보다는 훨씬 작다. 이를 일컬어서 보통 중소기업이라고 부른다.

중소기업은 언제나 인력, 시간, 자금이라는 세 가지 자원 부족에 시달려왔다. 대기업처럼 풍부한 자본과 인력을 갖추지 못한 중소기업은 제한된 자원으로 최대한의 성과를 내야 하는 압박 속에 있다. 특히 한국의 중소기업은 글로벌 경쟁, 높아지는 인건비, 낮은 진입 장벽으로 인한 경쟁 심화 등 다양한 외부 압력에 직면해 있다. 이러한 환경에서 대부분의 중소기업은 단기적 생존에 집중할 수밖에 없고, 장기적 혁신이나 시스템 구축에 투자할 여력이 부족하다. 회사의 핵심 역량은 창업자 사장을 비롯하여 특정 몇몇 인물에게 편중되어 있고, 시스템보다는 사람의 노하우와 감에 의존하는 경향이 강하다. 영업은 베테랑 영업사원의 인맥과 경험에 의존하고, 생산은 숙련된 기술자의 감각에 좌우된다. 이런 구조에서는 핵심 인재가 떠나면 회사의 경쟁력이 급격히 하락하는 위험이 항상 존재한다. 또한 이러한 '암묵지(暗默知, Tacit Knowledge)'는 쉽게 전수되지 않아 신입 직원의 역량 개발과 성장에도 장애물이 된다. 즉, 회사를 지속시키는 눈에 보이는 시스템이 없이 불안한 쳇바퀴를 돌리는 것과 다르지 않다.

사장은 하루에도 수십 건의 의사결정을 내리며 영업, 마케팅, 재무, HR, 생산까지 손을 놓을 수 없는 현실이다. 전문적인 교육이나 학위를 받지 않았음에도 생존을 위해 본능적으로 일한다. 그래서 중소기업 대표는 종종 'CEO'라기보다는 '만능 해결사'에 가깝다. 아침에는 주요 고객과의 미팅을, 점심에는 신제품 개발 회의를, 오후에는 자금 조달을 위한 은행 방문을, 저녁에는 직원들의 갈등 중재까지 해야 한다. 그리고 이 모든 일정이 끝난 뒤에도 끊임없이 일을 찾아 움직인다. 이러한 과부하는 대표의 피로도를 높이고, 전략적 사고와 장기적 비전 수립에 필요한 여유를 빼앗는다.

조사에 의하면 우리나라 스타트업 기업의 경우, 3년 생존율이 30% 중반에 미치지 못한고 한다. 통계에 잡히지 않은 소상공인, 자영업을 모두 포함하면 그 숫자는 더 줄어들지도 모른다. 문제는, 이 모든 난관을 거친 후에 기적적으로 사업의 규모가 커질수록 한계가 명확하게 드러나고 리스크가 증가한다는 점이다. 10명 규모의 스타트업에서는 대표가 모든 것을 컨트롤할 수 있지만, 50명 100명으로 커지면서 관리의 한계에 부딪힌다. 그러나 기업의 규모에 맞는 시스템과 프로세스를 구축하기에는 자원과 전문성이 부족한 경우가 많다. 그러나 이런 구조는 장기적으로 지속 가능하지 않다. 사람이 바뀌면 성과가 바뀌고, 시스템 없이 돌아가던 조직은 성장의 한계에 부딪힌다.

사업체의 운영 기간이 늘어날수록 쌓이는 것은 노하우와 데이터라고 말하는 사람이 많다. 하지만 말이 쉽지, 실제로는 데이터가 흩어져 있거나 아예 존재하지 않는 경우도 많다. 혼돈의 사업 초기를 힘겹게 살아 내고 어느 정도 그럴듯한 조직 체계를 갖춰 안정되었다고 말하는 중소기업의 일반적인 모습을 들여다 보자. 고객 데이터는 영업부서가 갖고 있고, 마케팅 성과는 외주 업체만 알고 있으며, 내부 인사 데이터는 종이 문서나 엑셀파일에 흩어져 있다. 이로 인해 대표는 주로 감에 의존해 결정하고, 전략은 '결단'보다는 '반응'으로 만들어진다. 중요한 의사결정이 데이터가 아닌 직관과 경험에 의존하게 되면, 리스크는 커지고 예측 가능성은 낮아진다.

이런 상황은 중소기업 특유의 자금 흐름 문제와 결합하여 더욱 복잡해진다. 자금 압박은 단기적 성과만을 추구하게 만들고, 장기적 혁신이나 시스템 투자는 뒤로 미루게 된다. 결국 '당장의 매출'과 '미래의 경쟁력' 사이에서 늘 전자를 선택할 수밖에 없는 구조적 딜레마에 빠진다. 이러한 문제들은 서로 연결되어 악순환을 형성한다. 시스템 부재는 데이터 부족으로 이어지고, 데이터 부족은 감에 의존한 의사결정을 낳으며, 이는 다시 비효율과 리스크를 증가시킨다. 이 순환을 깨지 않는다면 중소기업은 항상 같은 문제에 시달릴 수밖에 없다.

2.2. 문제 해결 방안으로써의 DX의 한계

많은 중소기업이 당면한 문제를 인식하고 다양한 해결책을 시도해왔다. 대기업과 유사한 수준의 관리 체계 확보를 위한 고도화 시스템을 도입하거나 외부의 전문 마케팅 대행사를 써 보기도 하고, 컨설팅이나 정부 지원 사업을 통해 내부 역량을 결집시키고 직원 교육을 시키기도 한다. 정부와 유관 기관에서 제공하는 디지털 전환 지원 사업에 참여하여 소프트웨어를 도입하거나 전문 컨설턴트의 자문을 받아 업무 프로세스를 개선하려는 시도도 있었다. 그러나 그 결과는 만족스럽지 않은 경우가 많았다.

가령, ERP 시스템을 도입했지만 직원들이 제대로 활용하지 않아 '비싼 장식품'으로 전락하는 경우가 많다. 초기에는 쓸 만 하지만 시간이 지나면서 수동 입력의 정확성과 일관성이 떨어져 시스템의 데이터 신뢰도가 하락한다. 마케팅 대행사를 활용해도 단기적인 매출과 인지도를 제고하는 캠페인 성과는 있을지 모르나, 회사의 근본적인 마케팅 역량이 강화되지는 않는다. 외부 컨설팅도 현실과 동떨어진 이상적인 제안에 그치거나 보고서만 남기고 실질적인 변화로 이어지지 못하는 경우가 많았다.

왜일까? 그 해답은 한 가지다. '조각난 해법'이기 때문이다. 마케팅만 고쳐도, 시스템만 깔아도, 인재만 뽑아도 모든 문제가 해결되리라는 믿음은 환상이다. 기업의 문제는 복잡 다단한 개별적인 경영 시스템이 유기적으로 연결되어 있는데, 해결책은 단편적으로 접근하기 때문에 근본적인 변화를 이끌어내지 못한다. 많은 자금과 노력을 들여 도입한 시스템은 실행되지 않고, 마케팅은 지속적인 수치로 환산되지 않으며, 인재는 시간이 지나도 조직에 흡수되지 않고, HR 시스템 속으로 뿌리를 내리지 못한다. 결국 도입은 했지만 실행되지 못하고, 변화는 시도됐지만 정착되지 못한 채 끝이 난다.

수천만 원을 들여 구축한 CRM 시스템이 몇 개월 후에는 아무도 데이터를 업데이트하지 않는 죽은 시스템이 되는 문제는 왜 생기는 걸까? 기존 해법들은 대부분 '사람'의 실행력에 크게 의존하기 때문이다. 시스템을 도입해도 그것을 활용하는 것은 사람이고, 마케팅 전략을 수립해도 실행하는 것은 사람이다. 그러나 중소기업의 핵심 문제 중 하나가 바로 '인력 부족'이라는 점을 고려하면, 이러한 접근법의 한계는 명확해진다. 이미 과부하 상태인 직원들에게 새로운 시스템 사용법을 익히고 추가 데이터를 입력하라고 요구하는 것은 현실적이지 않다.

이것이 바로 많은 중소기업들이 디지털 트랜스포메이션(DX)의 필요성을 알면서도 끝까지 집중하여 성공하기 힘든 딜레마다. DX는 본래 IT 시스템을 기반으로 업무를 디지털화하고 운영의 효율성을 높이기 위한 전략이다. 그러나 실제 현장에서는 IT 시스템 혹은 기술 도입이 곧 활용으로 이어지지 않는다. 시스템은 도입되었지만 조직 문화는 변화하지 않았고, 데이터는 쌓였지만 분석과 실행이라는 지속적인 정책과 시스템과 문화로 연결되지 않았다. 직원들의 모티베이션과 자발적 참여는 더 큰 숙제다. DX가 기술 중심으로 흐르면서, '기술의 도입'이 곧 '혁신의 완성'이라는 착각을 낳았던 것이다.

많은 중소기업에서 DX는 '디지털화' 자체에 초점을 맞추었다. 종이 문서를 전자문서로 바꾸고, 수기로 하던 업무를 컴퓨터로 처리하는 정도에 그쳤다. 그러나 진정한 디지털 전환은 단순한 매체의 변화가 아니라, 디지털 기술을 활용하여 비즈니스 모델과 운영 방식을 근본적으로 변화시키는 것이다. 세계적인 석학들이 공통적으로 지적한 기본적인 전략 원칙이다. 그런데 많은 기업들이 이 본질을 놓치고 겉모습만 바꾸는 것에 그쳤다.

DX는 종종 현업 부서와 IT 부서 사이의 간극을 더욱 벌리기도 했다. IT 부서는 기술 자체의 완성도에 집중하고, 현업 부서는 당장의 실용성과 사용 편의성을 중시하다 보니, 결국 '기술적으로는 완벽하지만 아무도 사용하지 않는' 시스템이 구축되는 결과를 낳곤 했다. DX의 또 다른 한계는 데이터 활용의 문제다. 많은 기업들이 데이터의 중요성은 잘 알고 있다. 그래서 데이터를 수집하고 저장하는 인프라는 구축했지만, 그 데이터를 분석하고 인사이트를 도출하여 실제 의사결정에 활용하는 체계는 갖추지 못했다. 결국 '데이터는 있으나 지혜는 없는' 상태에 머물게 된 것이다.

2. 3. 진정한 DX를 완성시키는 AX

AX는 DX의 다음 단계이기도 하면서, 실질적인 완성형이다. 기존의 DX가 시스템을 구축하고 업무를 디지털화 하는 데 초점을 맞췄다면, AX는 이 데이터를 바탕으로 스스로 판단하고 실행하는 체계로의 진화를 의미한다. AI 기술을 이용하여 변화를 시도한 것이 적극적으로 조직 내에서 체득되고 전사에 시스템으로 자리잡을 수 있게 하는 것이다. 즉, 단순한 정보의 디지털화가 아니라 의사결정과 실행의 자동화를 포함한다. DX가 도구를 바꾸는 것이라면, AX는 도구가 일하는 방식을 바꾸는 개념이라고 하겠다.

　예를 들어 DX가 종이 문서를 디지털 문서로 전환하는 것이라면, AX는 그 디지털 문서를 AI가 자동으로 분석하고 필요한 정보를 추출하여 의사결정에 활용하는 시스템을 만드는 단계로 전진할 수 있게 하는 것이다. DX가 고객 데이터를 CRM(Customer Relationship Management)에 저장하는 것이라면, AX는 그 CRM 데이터를 기반으로 어떤 고객에게 어떤 제품을 어떤 타이밍에 제안할지 AI가 자동으로 추천하는 것으로 진화하는 일이다. AX의 핵심은 'AI가 일하도록 만드는 것'에 있다. 반복 업무는 자동화되고, 사람이 해야 할 일은 줄어든다. 고객 문의 응대는 챗봇이 처리하고, 견적 작성은 템플릿 기반으로 자동 생성된다. 콘텐츠는 AI가 먼저 작성하고, 내부 직원은 그 초안을 정제하고 결과물을 검수하는 역할로 바뀐다. AI가 동료이자 서포터이자 팀장, 심지어 CEO가 될 수 있는 시스템이어야 한다. 이처럼 '일의 주체'가 사람이 아닌 AI로 바뀌는 순간, 조직의 구조 자체가 변화하게 된다.

　이는 단순한 업무 자동화를 넘어서는 것이다. 자동화는 효율성의 확보와 원가 절감에 지나지 않을 수 있다. 자동화가 새로운 창조적 가치를 만들어 주지 않는다. 반면에 AI는 학습하고 발전하는 시스템이기 때문에 시간이 지날수록 더 정확하고 효율적으로 업무를 처리할 수 있게 되는 것은 물론이며, 이를 통해 시스템을 진화하게 만들거나 새롭게 구축하게 한다.

인간이 실수를 반복하거나 피로를 느끼는 것과 달리, AI는 일관된 품질로 24시간 작동할 수 있다. 이는 중소기업의 만성적인 인력 부족 문제 해결에 큰 도움이 된다. 또한 AX는 데이터를 관리하는 것을 넘어 데이터 기반 의사결정을 가능하게 한다. 과거에는 대표나 관리자의 경험과 직관에 의존하던 많은 결정들이 이제는 데이터 분석과 AI의 예측 모델을 통해 더 정확하고 객관적으로 이루어질 수 있다. 어떤 제품을 어떤 가격에 판매할지, 어떤 마케팅 채널에 투자할지, 어떤 인재를 채용할지 등의 결정이 감이 아닌 데이터를 기반으로 이루어지게 된다.

무엇보다 AX 체제 하에서의 기업은 데이터를 그냥 흘려보내지 않는다. 수집된 정보를 즉시 판단과 실행으로 연결하는 구조이기에, 시스템이 살아 있고 전략이 움직이며 조직 전체가 실시간으로 진화한다. 기존의 데이터 시스템이 '저장소' 역할에 그쳤다면, AX 체제에서는 데이터가 '엔진' 역할을 한다. 데이터가 AI를 만나 비로소 기업 곳곳에 활력이 돌게 한다. 고객의 행동, 시장의 변화, 내부 운영 상황 등이 실시간으로 분석되고, 그 결과가 즉각적인 조치로 이어진다. 예를 들어 기존에는 월말이나 분기말에 영업 보고서를 작성하여 성과를 확인하고 다음 전략을 수립했다면, AX 체제에서는 실시간으로 영업 데이터가 분석되고 특정 제품이나 고객 세그먼트의 성과가 저조

할 경우 자동으로 알람이 울리고 대안이 제시된다. 이는 문제가 발생했을 때 즉각적으로 대응할 수 있게 해주며, 기회가 포착되었을 때 빠르게 행동할 수 있게 해준다.

AX는 또한 중소기업의 지식 관리 문제를 해결하는 데도 큰 도움이 된다. 특정 인물에게 집중된 암묵지를 형식지(形式知, Explicit Knowledge)로 변환하여 조직 전체가 활용할 수 있게 만든다. 예를 들어, 숙련된 영업사원의 노하우를 AI 시스템이 학습하여 다른 영업사원들에게 제안하거나, 베테랑 기술자의 경험을 AI가 패턴화하여 품질 관리 시스템에 반영할 수 있다.

2. 4. 문제 해결에 앞서, 문제 자체를 재정의하는 AX

AX는 단순히 업무의 디지털화, 자동화가 아니다. 조직의 문제 해결 방식을 바꾸는 혁신의 본질에 가깝다. 과거에는 '누가 이 일을 할 것인가'였다면, 이제는 '이 일을 AI가 대신할 수 있는가'라는 질문으로 바뀐다. 사장의 의사결정은, '무엇을 할 것인가'에서 '무엇을 하지 않아도 되게 만들 것인가'로 바뀐다. 이는 사고방식의 근본적인 전환을 요구한다. 기존의 경영 패러다임에서는 문제가 발생하면 해결책을 찾았다면, AX 패러다임에서는 문제를 사전에 정의하고 문제가 발생하지 않도록 시스템을 설계한다. 예를 들어, 과거에는 고객 불만이 증가하면 CS(Customer Service) 서비스 인력을 증원하는 방식으로 대응했다면, AX 접근법에서는 AI로 데이터를 분석하는 과정을 통해 불만의 근본 원인을 파악하고 제품 설계나 서비스 프로세스 자체를 개선하여 불만이 발생하지 않도록 한다.

또한 AX는 '규모의 경제'를 이루는 요건을 재정의한다. 과거에는 규모의 경제를 실현하기 위해 많은 자본과 인력이 필요했지만, AI 시대에는 소규모 기업도 효율적인 자동화 시스템을 구축함으로써 대기업에 버금가는 효율성을 달성할 수 있다. 예를 들어, 소규모 e커머스 업체도 AI 기반 고객 서비스와 재고 관리 시스템을 활용하여 대형 유통기업처럼 효율적인 운영이 가능하다. AX는 또한 비즈니스 모델 자체를 재구성할 수 있는 기회를 제공한다. 기존에는 불가능했던 서비스나 제품을 AI를 통해 구현할 수 있게 되었다. 요컨대 소규모 제조업체가 AI 기반 맞춤형 제품 설계 시스템을 도입하여 대량 생산의 효율성을 유지하면서도 개인화된 제품을 제공할 수 있게 되었다. 소규모 컨설팅 기업은 AI 분석 도구를 활용하여 과거에는 대형 컨설팅 펌에서만 가능했던 수준의 데이터 분석과 인사이트를 제공할 수 있게 되었다. 광고회사의 경우도 마찬가지다. 많은 전문 인력이 없이도 AI로 과업을 자동화하여 더 많은 고객을 상대할 수 있게 된다. 이 모든 것은 DX의 개념으로는 해결 불가했던 일이다.

이러한 변화는 단순한 업무 효율 향상을 넘어서, 조직의 존재 방식과 성장 패턴을 전환시킨다. 반복되는 비효율에서 벗어나, 조직이

보다 창의적이고 전략적인 방향으로 움직일 수 있게 만든다. 직원들은 단순 반복 업무에서 해방되어 더 가치 있는 일에 집중할 수 있고, 기업은 더 혁신적인 제품과 서비스를 개발하는 데 자원을 투입할 수 있다.

AX의 또 다른 중요한 측면은 '지속 가능한 성장'을 가능하게 한다는 점이다. 기존의 기업 성장 모델은 대개 인력과 자본의 선형적 투입에 의존했다. 매출을 두 배로 늘리려면 직원수도 거의 두 배로 늘려야 했다. 그러나 AI 기반 시스템은 한계 비용이 매우 낮다. 초기에 투자를 통해 한 번 구축된 AI 시스템은 추가 비용 없이도 훨씬 많은 업무를 처리할 수 있다. 여러분은 개인적으로 특정 AI 서비스를 더 많이 사용할수록 AI가 점점 똑똑해 진다고 느끼는 것처럼 기업도 마찬가지다. AI를 학습시키는 시간이 늘어나고 고도화될수록 기하급수적으로 '규모에 따른 수익 체증'을 가능하게 한다. 결과적으로 기업이 인력 증원 없이도 성장할 수 있는 토대를 마련할 수 있다.

그리고 이 모든 시작은 '사장이 결단했는가?'라는 질문에서 출발한다. AX는 단순한 기술 도입이 아니라 경영 철학과 비즈니스 모델의 변화다. 따라서 조직의 최고 의사결정자인 사장의 확고한 의지와 리더십이 필수적이다. 사장이 AX의 비전을 명확히 하고, 변화를 주도하며, 필요한 자원을 투입하고, 조직 구성원들에게 모티베이션과 영감을 주어야 성공적인 AX가 가능하다. 중소기업 사장이 AX를 추진할 때 가장 중요한 것은 '작게 시작하되, 큰 그림을 그리는 것'이다. 처음부터 모든 것을 바꾸려 하기보다는, 가장 효과가 클 것으로 예상되는 영역에서 작은 프로젝트를 시작하고, 성공 경험을 쌓아가며 점진적으로 확장해 나가는 전략이 효과적이다.

그러나 동시에 장기적으로 조직이 나아가야 할 방향과 AX를 통해 달성하고자 하는 궁극적인 목표는 항상 염두에 두어야 한다. AX는 중소기업에게 있어 단순한 기술 혁신이 아니라, 생존과 번영을 위한 필수적인 전략적 선택이다. 상황에 따라 도입 여부를 검토하고 짧게 실행해 보고 말 수 있는 성격이 아니다. 급변하는 비즈니스 환경에서 기존의 방식만으로는 경쟁력을 유지하기 어렵다. AI를 중심으로 한 전면적인 혁신만이 중소기업이 미래에도 지속 가능한 성장을 이룰 수 있는 길이다. 그리고 그 여정은 사장의 결단과 함께 시작된다. 모든 혁신이 마찬가지이겠지만 모두가 확신할 수 있는 틀림없는 효과가 아직 입증되지 않은 전략은 막강한 리더십이어야만 시도되고 추진될 수 있다. 그런 면에서 AX는 특히나 톱-다운 방식이 효과를 가져올 수 있다.

제 3장 AX로 인한 기대효과

3. 1. 업무 효율이 눈에 띄게 달라진다

AX를 도입하면 가장 먼저 체감하는 변화는 바로 '시간'이다. 조직이 일상적으로 수행하는 반복적인 작업들이 자동화되면서 업무에 소요되는 시간이 눈에 띄게 감소되는 것을 경험하게 된다. 이는 단순한 시간 절약을 넘어 조직 전체의 노동 생산성 패러다임 자체를 변화시킨다. 예를 들어, 고객 응대 부서에서 직원들이 매일 두세 시간을 기본적인 문의 응대에 소비하던 상황을 생각해보자. AI 챗봇을 도입한 후에는 이러한 일상적인 문의가 자동화되어 처리되면서, 직원들은 기존에는 여유가 없어서 생각하지 못했던 보다 복잡하고 심층적인 고객 문제 해결에 집중할 수 있게 된다. 단순 반복 업무에서 벗어나 전문성을 요구하는 고부가가치 업무로 초점이 이동하는 것이다. 이것은 직원들의 자존감을 높이고 전체적인 분위기를 전환시켜주는 효과가 있다.

AX 도입으로 자동화가 가능한 영역은 실로 광범위하다. 일상적인 견적서 작성이나 회의록 정리 같은 문서 작업부터, 마케팅 콘텐츠의 기초 작성, 방대한 데이터를 다루는 재고 관리, 여러 사람의 일정을 조율하는 복잡한 과정까지 AI의 도움으로 효율화할 수 있다. 특히 이메일 응대, 데이터 입력, 보고서 생성과 같은 반복적인 작업들이 자동화되면 직원들은 하루에 몇 시간씩 절약할 수 있게 된다.

가령, 마이크로소프트의 코파일럿은 이메일 작성, 보고서 생성, 회의록 정리 같은 반복적이고 시간이 많이 소요되는 업무를 자동으로 처리해준다. 이를 통해 직원들은 일상적인 문서 작업이나 데이터 입력에 들이던 시간을 줄이고, 보다 전략적이고 창의적인 일에 집중할 수 있게 된다. 즉, 코파일럿은 AX 도입의 핵심 효과인 '시간 절감'을 실질적으로 구현해주는 도구인 셈이다.

중소기업은 한정된 인력으로 다양한 업무를 처리해야 하는 경우가 많다. 대부분의 중소기업이 가진 이런 특성 때문에 유능한 구직자들이 대기업을 선호하는 현상이 생긴다. 이런 환경에서 AX 도입은 단순히 편리함을 넘어 생존을 위한 필수 전략이 된다. 직원 한 명이 여러 업무를 담당해야 하는 상황에서, AI가 반복적인 업무를 처리해주면 인적 자원의 효율적 배분이 가능해진다. 이렇게 되면 직원들이 다양한 관점에서 회사의 업무를 경험할 수 있는 기회를 얻게 됨과 동시에 투입되는 노동 시간은 줄어들게 된다. 부서간 정보 공유가 제한되고 각자 해야 할 일이 시스템적으로 엄격히 분화되어 있는 대기업에 비해 중소기업의 장점이 더 돋보이게 되는 순간이다.

업무의 중심축이 '사람이 직접 하는 일'에서 'AI와 사람이 함께 하는 일'로 옮겨가면서, 직원들의 업무 스트레스도 눈에 띄게 줄어든다. 반복적이고 지루한 작업이 줄어들면서 직원들의 직무 만족도가 높아지고, 이는 전반적인 조직 문화 개선으로 이어진다. 실제로 AX를 도입한 기업들의 내부 만족도 조사에서는 직원들의 업무 스트레스가 평균 35% 감소했다는 보고가 있다. 또한, 난이도가 높은 일들의 경우에도 AI의 도움으로, 혹은 AI의 수퍼바이징에 의해 예전보다 더 수월하게 처리되는 현상도 경험하게 된다. 이는, 더 어렵고 힘든 일을 수행함으로써 개인의 실력을 향상시키고자 하는 직원 들에게 의미 있는 동기부여로 작동할 수 있다.

앞서 언급한 마이크로소프트의 코파일럿이라는 이름은 '조종사(pilot)' 옆에서 함께 비행을 돕는 '부조종사(co-pilot)'에서 따온 것이다. 이 이름에는 사용자가 중심이 되어 업무를 주도하고, Copilot은 그 옆에서 보조하며 생산성을 높이는 동반자 역할을 한다는 철학이 담겨 있다. 다시 말해, Copilot은 사용자의 일을 대신하는 것이 아니라 함께 문제를 해결하고 더 나은 결정을 내릴 수 있도록 도와주는 조력자다. 이러한 개념은 단순한 자동화 도구를 넘어서, 창의적이고 전략적인 작업까지 지원하는 AI 협업 파트너로서의 지향점을 보여준다.

무엇보다 중요한 것은, AI가 아닌 사람이 해야만 하는 고부가가치 업무에 더 많은 시간과 자원을 투자할 수 있게 된다는 점이다. 창의적인 문제 해결, 전략적 사고, 고객과의 깊이 있는 관계 구축 등 아직까지는 AI가 대체하기 어려운 영역에 인적 자원을 집중함으로써 일의 질과 성과가 동시에 향상된다. 결국 AX는 단순 업무 자동화를 넘어, 조직이 가진 인적 자원의 잠재력을 최대한 끌어올리는 촉매제 역할을 한다.

3. 2. 고객 경험이 달라진다

AX는 단순히 기업 내부의 운영 효율에만 영향을 주는 것이 아니다. 고객의 입장에서 기업을 경험하는 방식 자체가 근본적으로 변화한다. 이러한 변화는 고객 접점의 모든 단계에서 일어나며, 결과적으로 고객 만족도와 충성도에 직접적인 영향을 미친다.

가장 눈에 띄는 변화는 고객 응대 방식이다. 현재 업계에 가장 많이, 그리고 보편적인 AX의 일환으로 도입되고 있는 것은 바로 AI 챗봇이다. 챗봇이 24시간 고객 문의를 받고 즉각적으로 대응함으로써 고객은 원하는 시간에 언제든지 도움을 받을 수 있게 된다. 이는 특히 주말이나 영업시간 외에도 지속적인 고객 서비스를 제공할 수 있다는 점에서 중소기업에게 큰 경쟁력이 된다. 기존에는 인력 부족으로 실시간 대응이 어려웠던 부분을 AI가 보완해주는 것이다.

　　AI는 단순히 반복되는 일을 줄여서 사람의 노동 시간을 줄이는 것에만 기여하는 것이 아니라, 그 이상의 새로운 가치를 창출하게 한다. AI는 방대한 고객 데이터를 분석해 개인화된 메시지와 제안을 자동으로 생성한다. 고객의 검색 패턴, 구매 이력, 웹사이트 행동 데이터 등을 종합적으로 분석하여 각 고객에게 가장 관련성 높은 콘텐츠를 제공할 수 있다. 예를 들어, 과거 구매 이력을 기반으로 추천 제품이 자동으로 노출되거나, 고객의 관심사에 맞는 맞춤형 할인 혜택을 제안할 수 있다.

　　더 나아가 AI는 고객의 감정과 선호도까지 분석할 수 있다. 고객 리뷰나 피드백을 자동으로 분석하여 감정 상태를 파악하고, 문제가 있는 고객을 우선적으로 관리할 수 있다. 이런 선제적 대응은 고객 이탈을 방지하고 만족도를 높이는 데 큰 역할을 한다. 이것은 고객의 해당 기업에 대한 호감도를 높이고, 나아가 CLV(Customer Lifetime Value)를 제고하는데 일조할 수 있다.

　　실제로 AX를 도입한 중소형 쇼핑몰의 사례를 살펴보면, 고객 문의 대응 시간이 평균 70% 단축되었을 뿐만 아니라, 고객 만족도 지수가 크게 상승했다. 특히 재구매율은 25% 이상 증가했다는 보고가 있다. 이는 고객의 만족도가 직접적인 매출 증가로 이어진다는 것을 명확히 보여준다. 델타항공(Delta Air Lines)의 사례도 참고할 만하다. 델타는 고객의 불만 리뷰와 소셜 미디어 반응을 AI로 분석해 감정 상태를 실시간으로 파악하고, 불만 고객에게 먼저 연락하는 'Proactive Care' 시스템을 운영 중이다. 이 시스템 덕분에 고객 만족도가 크게 향상되었고, 반복 이용률과 CLV도 높아졌다. AI가 단순한 분석을 넘어서 고객 경험 전체를 개선하는 데 기여한 대표적인 사례다.

이제 AI 기반의 고객 응대, 맞춤형 개인화 마케팅, 실시간 고객 피드백 분석은 더 이상 대기업만의 전유물이 아니다. 구독형 AI 서비스의 등장으로 중소기업도 적은 비용으로 고급 고객 경험을 제공할 수 있게 되었다. 이는 곧 대기업과 중소기업 간의 고객 경험 격차를 줄이는 '레벨 플레이 필드(level playing field)'를 만들어낸다. 가령, 글로벌 IT 솔루션 기업인 세일즈포스(Salesforce)는 비용을 지불할 수 있는 여력을 가진 과거 대기업들에게 각광 받았던 SaaS 기반 서비스였다. 최근 세일즈포스는 자사의 CRM에 AI 기능(Einstein AI)을 통합하여 중소기업 고객에게 보다 저렴하면서도 효율적인 고객관리 솔루션을 제공하고 있다. 예를 들면, 고객 이탈 징후를 보이는 사용자의 행동을 AI가 실시간으로 분석하고, 감정 분석을 통해 불만 고객을 우선 식별한 뒤 자동으로 맞춤형 대응 메시지를 생성하고 있다.

기존에는 별도 인력과 시간, 고가의 컨설팅이 필요했던 분석과 응대 작업을 AI가 자동으로 처리함으로써, 중소기업도 대기업 수준의 고객경험(CX, Customer Experience) 전략을 훨씬 낮은 비용으로 실행할 수 있게 된 것이다. 이를 통해 세일즈포스는 AI 기반의 저비용 고효율 CRM이라는 새로운 경쟁력을 확보했고, 고객사의 CLV 제고와 유지율 향상에 실질적인 기여를 하고 있다. 이렇듯 고객은 점점 더 빠르고 정확하며 개인화된 서비스를 기대하게 되고, AX를 통해 이러한 기대를 충족시키는 기업은 고객 충성도와 신뢰를 쌓아 장기적인 사업 성공의 토대를 마련한다.

3. 3. 경영 판단이 빨라지고 정확해진다

AX 도입이 가져오는 또 다른 중요한 변화는 경영 의사결정 과정의 혁신이다. 기존에는 경영자가 주로 개인적인 경험, 직관, 또는 제한된 데이터에 의존해 판단하던 문제들을 이제는 AI를 통해 더욱 체계적이고 정확하게 접근할 수 있게 되었다. AI는 방대한 양의 데이터를 실시간으로 수집, 분석하여 경영자에게 가치 있는 인사이트를 제공한다. 어느 채널에서 매출이 가장 높은지, 어떤 고객 세그먼트가 성장하고 있는지, 어떤 고객이 이탈할 위험이 있는지, 마케팅 캠페인의 효과는 어땠는지를 즉시 파악할 수 있다. 이러한 정보는 실시간으로 업데이트되어 대시보드 형태로 제공되므로, 경영자는 일일이 담당 부서를 대면하지 않고서도 언제든지 사업의 현재 상태를 정확히 파악할 수 있다.

특히 중소기업에게 이러한 변화는 획기적이다. 대부분의 중소기업은 전문 데이터 분석 인력을 두기 어렵고, 경영자 한 명이 여러 영역의 의사 결정을 담당하는 경우가 많다. 이런 상황에서 AI 분석 도구는 매우 강력한 '경영 보조 파트너'가 된다. 복잡한 데이터를 정제하고 의미있는 패턴을 찾아내는 작업을 AI가 수행함으로써, 경영자는 본질적인 전략 수립에 더 집중할 수 있게 된다.

AI는 사람과는 다른 강점을 가지고 있다. AI는 사람보다 훨씬 빠르게 데이터를 처리하고, 감정에 좌우되지 않는 냉정한 분석을 제공하며, 휴식 없이 24시간 작동한다. 데이터에 기반한 반복적이고 계산 중심의 판단은 AI가 담당하고, 직관과 경험이 필요한 전략적 의사결정은 경영자가 담당하는 이상적인 역할 분담이 가능해진다.

가령, 중소 제조업체라면 AI가 생산 라인의 효율성, 불량률, 원자재 사용량 등을 실시간으로 모니터링하고 최적화 방안을 제시할 수 있다. 소매업에서는 재고 수준, 판매 트렌드, 고객 행동 패턴 등을 AI가 분석 하여 매장 운영과 구매 전략에 반영할 수 있다. 이러한 데이터 기반 의사 결정은 비용 절감과 매출 증대로 직결된다.

더욱이 AI는 예측 분석을 통해 미래 트렌드를 파악하고 잠재적 위험을 사전에 감지하는 데도 도움을 준다. 시장 변화, 소비자 선호도 변화, 경쟁사 동향 등을 조기에 포착함으로써 선제적 대응이 가능해진다. 이러한 예측 능력은 특히 빠르게 변화하는 시장 환경에서 중소기업의 생존과 성장에 핵심적인 요소가 된다.

정리하자면, AX를 통한 경영 판단의 혁신은 보다 정확하고, 빠르며, 데이터에 기반한 의사결정 문화를 조성한다. 이는 경영의 퀄리티를 한 단계 끌어올리는 동시에, 불확실성이 높은 환경에서도 안정적인 성장을 가능하게 하는 핵심 동력이 된다. 경영자 개인의 상황에 따른 변수와 컨디션에 관계없이 언제나 신속 정확한 판단을 이끌어 낼 수 있다는 것은 기업 경쟁력에 지대한 영향을 미침을 부인할 수 없다.

3. 4. AX를 하지 않으면 어떤 일이 벌어지는가

과거에 중소기업은 스스로의 한계를 직시하고 세상의 빠른 변화에 즉각 대응하지 못하더라도 어쩔 수 없음을 인정하곤 했다. 하지만 이제는 중소기업이라고 해서 변화에 둔감할 수 없는 시대를 맞이했다. AX 도입을 미루거나 무시할 경우 발생할 수 있는 위험은 단순한 기회 비용을 넘어 기업의 생존 자체를 위협하기 때문이다.

우선, 최대한 더 빨리 AX를 도입하지 않으면 내부의 비효율은 계속해서 누적된다. 직원들은 여전히 반복적이고 시간 소모적인 업무에 귀중한 시간을 허비하게 되고, 이는 조직 전체의 생산성 저하로 이어진다. 예를 들면, 고객 데이터 수동 입력, 보고서 작성, 일정 관리 등에 소요되는 시간이 경쟁사보다 몇 배 더 필요하게 된다. 이러한 비효율이 누적되면 제품이나 서비스 개발, 고객 관리 등 핵심 업무에 투자할 수 있는 자원이 줄어들 수 밖에 없다. 영원히 지속적인 매출을 내지 않는 이상, 이러한 구조 하에서는 어떤 기업이든 언젠가는 한계를 마주치게 될 것이고 생존할 수 없는 것이다. 경쟁의 강도가 높은 산업군에 속한 기업일수록 그 결과는 훨씬 더 심각할 것이 분명하다.

더 큰 문제는 고객 측면에서 발생한다. 현대 소비자들은 점점 더 신속하고 개인화된 서비스를 기대한다. AX를 도입하지 않은 기업은 이러한 고객의 기대를 충족시키기 어려워진다. 24시간 응대, 즉각적인 문제 해결, 맞춤형 추천 등을 제공하지 못하면, 고객은 자연스럽게 이러한 서비스를 제공하는 경쟁사로 이동하게 된다. 고객의 기대 수준은 계속해서 높아지지만, 기업의 제공 역량은 정체되거나 오히려 상대적으로 뒤처지게 되는 것이다. 말하자면, 쿠팡이라는 유통 혁신 기업이 가져온 빠른 배송 패러다임이 결국은 시장의 대세적인 요구에 의해 모든 플레이어들을 배송 서비스 경쟁에 뛰어 들게 한 것과 같다.

특히 주목해야 할 점은 직접 경쟁 업체가 AX를 먼저 도입했을 경우 발생하는 격차다. AI는 사용할수록 더 많은 데이터를 학습하고, 더 정확한 예측과 추천을 제공하게 된다. 이는 시간이 지날수록 AI를 도입한 기업과 도입하지 않은 기업 간의 역량 차이가 기하급수적으로 벌어질 수 있음을 의미한다. 경쟁사가 6개월 먼저 AX를 도입했다면, 그 격차를 따라잡기 위해서는 동일한 6개월이 아니라 훨씬 더 많은 시간과 자원이 필요할 수 있다.

초기에 AX를 도입하면, 더 많은 데이터를 빠르게 수집하고 품질도 개선된다. 그 결과 AI 모델의 정확도가 높아지고, 고객과 시장의 반응이 점점 좋아진다. 이 개선된 반응은 다시 더 많은 데이터를 생성하면서 선순환이 일어난다. 이 루프가 반복될수록 AX를 늦게 도입한 기업과의 격차는 계속 벌어진다.

AI는 단지 또 하나의 도구가 아니다. 이는 일의 방식 자체를 근본적으로 바꾸는 혁신적인 기술이다. 공장 자동화가 제조업을 변혁시켰듯이, AI는 지식 노동과 서비스 산업 전반을 재편하고 있다. 경쟁사가 이미 조용히 이러한 변화를 시작했을 가능성이 높으며 그들은 고객 데이터를 축적하고, AI 시스템을 최적화하며, 새로운 비즈니스 모델을 실험하고 있을 수 있다. 소비자 또한 이미 AI 기반의 개인화 서비스를 다양한 영역에서 경험하며 새로운 기준에 익숙해지고 있다. 온라인 쇼핑, 금융 서비스, 엔터테인먼트 등 여러 산업에서 AI는 이미 표준이 되어가고 있다. 이런 환경에서 여전히 수작업 중심의 비효율적인 프로세스를 고수하는 조직은 점차 고객의 신뢰를 잃고 시장에서 도태될 수밖에 없다.

AX 도입을 미루는 것은 단순히 현상 유지를 의미하지 않는다. 이는 점점 더 뒤처지는 것을 의미한다. 디지털 전환의 시대에 적응하지 못하는 기업은 결국 '디지털 다윈이즘(Digital Darwinism)'의 희생양이 될 수 있다. 실제로 DX를 미룬 기업들은 시장 변화에 뒤처지며 실질적인 경쟁력을 잃고 도태되었다. 대표적인 예로, 디지털 쇼핑 환경에 적응하지 못한 오프라인 유통업체들은 줄줄이 폐업하거나 시장 점유율을 온라인 기반 기업들에게 빼앗겼다. 미국의 토이저러스(Toys "R" Us)는 오랫동안 오프라인 완구 유통의 강자로 군림했지만, 아마존을 비롯한 온라인 쇼핑 플랫폼에 효과적으로 대응하지 못했다. 자사 온라인몰의 경쟁력이 부족했고, 디지털 전환 시기도 늦었다. 결국 2017년 파산 보호 신청을 했으며, 이는 디지털 쇼핑 환경에 적응하지 못한 전통 유통업체의 몰락을 상징하는 대표적 사례로 평가된다.

AX(인공지능 전환)도 마찬가지다. AX는 단순한 기술 도입이 아니라, 비즈니스 운영 전반의 혁신을 의미한다. 생산성 향상, 고객 맞춤 서비스, 자동화된 의사결정, 비용 절감 등 모든 경쟁 요소에 직결되기 때문이다. 초기 도입 기업들은 이미 AI를 통해 신제품 개발 속도를 높이고, 시장 변화에 빠르게 대응하며, 인력 구조를 고도화하는 등 실질적인 변화를 이루고 있다. 반면, 도입을 미룬 기업은 시간이 지날수록 기술·인재·시장·브랜드 모든 측면에서 격차가 벌어진다. 이러한 격차는 단순한 '뒤처짐'이 아니라 돌이킬 수 없는 구조적 열세로 이어진다. 특히 AI 기술은 데이터, 경험, 최적화가 축적될수록 성능이 비약적으로 향상되므로, 후발 기업이 선발 주자를 따라잡기 어려워진다. 결국 AX 도입을 미루는 기업은 시간이 지날수록 회복이 불가능한 경쟁력의 손실을 겪고, 심지어 시장 자체에서 퇴출되는 결과를 맞이할 수 있다. 이는 선택의 문제가 아닌 '존속의 문제'가 된다.

3. 5. AX의 ROI는 숫자로 증명된다

많은 중소기업 사장님들이 AX 도입을 고려할 때 가장 궁금해하는 것은 바로 이것이다. '그럼 돈은 얼마나 드나? 또 얼마나 남나?' - 일반적으로 일정 규모 이상이면서 DX 시스템을 갖춘 기업이 AX를 도입하는데 있어 기본적으로 투입될 것으로 예상되는 비용이 있다.

AX 도입의 첫 번째 비용 축은 데이터 인프라 구축에 있다. AI는 양질의 데이터를 기반으로 학습하고 예측한다는 점에서, 기업은 방대한 데이터를 수집하고 이를 정제·저장·관리할 수 있는 인프라를 마련해야 한다. 클라우드 기반 솔루션을 도입할 경우 초기 설치 비용은 줄일 수 있지만, 장기적으로는 안정성과 보안을 위한 지속적인 관리 비용이 발생한다. 반면, '온프레미스(on premise) 방식'은 초기 투자비가 매우 크지만, 특정 산업에서는 데이터 주권과 성능 면에서 선호되기도 한다. 온프레미스란 모든 정보 기술(IT) 자원을 사용자가 자체적으로 보유하여 컴퓨팅 환경을 구축하고 직접 운영·유지·관리하는 컴퓨팅으로써, 기업이나 조직이 하드웨어 소프트웨어 등 모든 컴퓨팅 환경을 자체적으로 구축하고 운영·유지·관리하는 것을 말한다.

두 번째 축은 AI 모델 개발 및 커스터마이징 비용이다. 기업의 비즈니스 환경에 최적화된 AI를 구축하려면 단순히 오픈소스를 도입하는 수준을 넘어, 커스터마이징 또는 자체 개발이 필요하다. 기존 모델의 튜닝과 적용에는 수천만 원에서 수억 원대의 비용이 들 수 있으며, 자체 개발은 수십 억 원을 초과할 수도 있다. 특히 고도화된 산업용 AI 모델의 경우, 개발 및 검증 기간이 길고 이에 따른 R&D 투자도 증가한다.

AX 도입을 위해서는 전문 인력의 확보와 내부 구성원의 역량 강화도 필수적이다. AI 전문가, 데이터 과학자가 필요하다. 특히, 머신러닝(ML) 애플리케이션 개발(Dev)을 ML 시스템 배포 및 운영(Ops)과 통합하는 ML 문화 및 관행을 MLOps라고 하는데 여기에 투입되는 인재의 인건비는 매우 높다. 그리고 이들의 협업을 위한 조직문화와 시스템 구축, 기존 인력에 대한 AI 리터러시 교육과 재교육에도 별도의 예산이 요구된다.

시스템 통합과 유지보수 비용 역시 무시할 수 없다. 기존의 ERP, CRM, SCM 등 다양한 IT 시스템과 AI 솔루션을 연동하려면 상당한 시스템 통합 작업이 필요하며 여기에 발생하는 비용은 도입 범위와 복잡성에 따라 달라진다. 유지보수 또한 일회성 비용이 아닌 반복적·지속적인 비용으로, 장기적 예산 계획에 반영되어야 한다.

마지막으로, AX는 데이터 중심 기술이기 때문에 정보보안과 규제 대응 측면에서도 적지 않은 투자가 필요하다. 특히 GDPR, EU AI Act 등 글로벌 규제가 강화되는 상황에서 기업은 데이터 보호, AI 윤리, 알고리즘 투명성 등 다양한 측면에서 법적·윤리적 기준을 충족해야 한다.

이처럼 AX 도입에는 다양한 비용 요소가 복합적으로 작용하며, 그 총량은 기업의 규모에 따라 크게 달라진다. 일반적으로 소규모 기업은 수천만 원에서 1억 원 이하 수준, 중견기업은 수억 원대, 대기업은 수십억에서 수백억 원 이상을 투자하고 있다.

결론적으로 AX는 선택이 아닌 필수가 된 '시대적 흐름'이다. 따라서 비용은 단기적 부담이 아닌 장기적 생존과 성장의 투자로 인식되어야 한다. 성공적인 AX를 위해서는 재무적 준비 뿐 아니라 조직적, 전략적 설계가 병행되어야 하며, 기업의 비전과 현장의 실질적 문제를 연결하는 통합적 관점에서 접근할 필요가 있다.

투자 대비 수익(ROI)은 모든 비즈니스 의사결정의 핵심이며 AX의 ROI는 놀라울 정도로 빠르고 뚜렷하게 나타난다. AX 투자의 수익은 여러 방면에서 확인할 수 있다. 가장 직접적인 효과는 운영 비용 절감과 마케팅 자동화, 그리고 재고 관리나 공급망 최적화 분야다. 중소기업의 AX를 통한 ROI 분석 케이스가 아직 희소하지만 대기업의 경우 그 성과가 뚜렷함을 조사 결과를 통해 확인할 수 있다.

예를 들어, 월마트(Wal-Mart)는 세계 최대 소매유통기업으로 2020년부터 AI 기반 기업 거래 자동화 플랫폼 '팩텀(Pactum)'을 도입해 조달 협상 프로세스를 혁신했다. 팩텀은 생성형 AI를 활용해 10만여 개 납품업체와의 가격·조건 협상을 자동화함으로써, 과거 수작업으로 몇 주에서 몇 달 걸리던 협상 시간을 며칠로 단축했다. 그 결과, 거래 성사율이 68%까지 상승했고 평균 3%의 비용 절감 효과를 얻었다. 납품업체의 75%가 챗봇과의 협상에 더 만족한다고 응답했으며, 월마트는 2,000건의 협상을 동시에 처리할 수 있게 되었다. 이러한 AX 도입은 실적에도 즉각적으로 반영됐다. 월마트는 2025년 2분기 기준 매출 1,693억 달러(전년 대비 4.8% 증가), 영업이익 79억 달러 (8.5% 증가)를 기록했으며, AI 도입 효과로 주가도 사상 최고치를 경신했다.

특히 이커머스 부문은 1년 사이 22% 성장했다. 월마트 경영진은 "AI가 없었다면 인력이 100배 더 필요했을 것"이라며 AI가 생산성 향상과 비용 절감, 실적 개선의 핵심 동력이었음을 강조하기도 했다.

또 하나의 사례로써 세일즈포스는 자율형 AI 에이전트 '에이전트포스(Agentforce)'를 영업, 고객 서비스, 마케팅 등 다양한 업무에 적용했다. 이 솔루션 도입으로 고객사의 작업 시간이 10분의 1로 단축되고, 생산성과 고객 만족도가 크게 향상됐다. 2024년 3분기 기준 세일즈포스는 전년 대비 매출 8%, 순이익 25%, 주가 11% 상승이라는 실적을 기록했다. 시장은 세일즈포스의 AI 기술이 명확한 ROI를 창출하는 성장 동력임을 인정했다.

마지막으로 미국의 글로벌 출판사 와일리(Wiley)는 자사 고객 서비스 부문에 AI 기반 솔루션을 도입했다. 반복적이고 빈번한 고객 문의를 AI가 처리함으로써 직원 온보딩 시간 단축, 운영 비용 절감, 서비스 품질 향상 등 즉각적인 효과를 거두었다. 와일리가 AI를 통해 얻은 투자수익률은 무려 213%에 달했다. AI가 수요 예측의 정확도를 높여 과잉 재고나 재고 부족으로 인한 손실을 최소화 한 것이다. 과잉 재고는 자금 압박의 주요 원인이 되고, 재고 부족은 판매 기회 상실로 이어진다. AI 기반 수요 예측을 통해 일부 기업들은 재고 유지 비용을 20~30% 절감하면서도 결품률을 5% 이하로 유지하는 데 성공했다.

제조업, 소매업, 의료서비스, 교육, 농업 등 다양한 산업에서 중소기업들이 AI를 성공적으로 도입한 사례도 물론 생겨나고 있다. 가령, 한 의료용품 중소제조업체는 AI 기반 품질 관리 시스템으로 불량률을 75% 감소시켰고, 지방 도시의 한 슈퍼마켓 체인은 AI 기반 재고 관리로 재고 비용을 35% 절감했으며, 어떤 물리치료 클리닉 업체는 AI를 활용한 맞춤형 치료 계획으로 환자 만족도를 40% 향상시켰다.

중소기업이 AX를 하는데 투입되는 비용이 적지 않지만 불가능한 것은 아니다. 현재 대부분의 AI 솔루션은 과거의 대규모 IT 투자와는 달리, 합리적인 월 구독 형태로 제공되어 초기 부담을 크게 줄였다. 많은 솔루션이 소규모로 시작해 점진적으로 확장할 수 있는 유연한 모델을 제공한다. ROI 측면에서 더욱 고무적인 것은 대부분의 AX 투자가 상대적으로 짧은 기간 내에 성과를 보여준다는 점이다. 일반적으로 3~6개월 내에 가시적인 결과가 나타나며, 1년 이내에 초기 투자 회수가 가능한 경우가 많다. 이는 과거의 대규모 IT 시스템 구축과 비교할 때 매우 빠른 회수 기간이다.

또한 AX 투자의 중요한 특징은 일회성 투자로 끝나는 것이 아니라, 지속적으로 확장 가능한 구조라는 점이다. 초기에 도입한 AI 시스템은 시간이 지날수록 더 많은 데이터를 학습하고, 더 정확한 예측과 추천을 제공하게 된다. 이는 시간이 흐를수록 ROI가 점점 더 향상될 수 있음을 의미한다. 예를 들어, 처음에는 단순한 고객 문의 응대부터 시작하여 점차 고객 이탈 예측, 맞춤형 상품 추천, 가격 최적화 등으로 AI 활용 범위를 확장할 수 있다. 각 단계마다 추가적인 비용 효율과 매출 증대 효과를 얻을 수 있으며, 이는 기업의 전반적인 경쟁력 강화로 이어진다.

결론: AX는 선택이 아닌 필수

AX는 단지 트렌디한 기술 유행이나 미래의 가능성이 아니라, 당장 실행했을 때 성과가 눈에 보이는 실전 전략이다. 중소기업에게 AX는 더 이상 '할 수 있다면 하는 일'이 아니라, '지금 하지 않으면 늦는 일'이 되었다.

디지털 전환의 속도는 점점 더 빨라지고 있고, AI는 그 중심에 있다. 기업의 규모와 관계없이 AI를 어떻게 활용하느냐가 향후 경쟁력을 결정짓는 핵심 요소가 될 것이다. 특히 제한된 자원으로 운영되는 중소기업에게 AX는 대기업과의 격차를 줄이고, 때로는 더 민첩하게 시장에 대응할 수 있는 강력한 무기가 된다.

AX의 효과는 이제 이론이 아닌 수많은 사례를 통해 입증되고 있다. 업무 효율성 향상, 고객 경험 개선, 의사결정 정확도 제고, 비용 절감 등 기업 운영의 모든 측면에서 AI는 혁신적인 변화를 가져온다. 그리고 이러한 변화는 측정 가능한 성과로 나타난다.

물론 AX 도입은 단순히 기술 도입만으로 완성되지 않는다. 조직 문화의 변화, 직원들의 새로운 역량 개발, 프로세스의 재설계 등이 함께 이루어져야 한다. 그러나 이러한 노력은 분명히 그만한 가치가 있으며, 이를 통해 기업은 더욱 강력하고 지속 가능한 경쟁력을 갖출 수 있다.

지금 당장 모든 영역에서 완벽한 AX를 구현할 필요는 없다. 작은 영역부터 시작하여 점진적으로 확장해 나가는 전략이 효과적이다. 중요한 것은 더 이상 미루지 않고 첫 걸음을 내딛는 것이다. AX의 여정을 시작한 기업과 그렇지 않은 기업 간의 격차는 시간이 지날수록 더욱 벌어질 것이기 때문이다.

결국 AX는 단순한 기술 도입을 넘어, 기업의 미래를 준비하는 필수적인 전략적 결정이다. 이제 질문은 "AX를 도입할 것인가, 말 것인가?"가 아니라, "어떻게, 어디서부터 AX를 시작할 것인가?"가 되어야 한다. 우리가 AI를 도입하는 과정에서 얻은 가장 큰 교훈은 '완벽함을 추구하지 말라'는 것이다. 모든 것을 한번에 바꾸려 하지 말고, 작은 시도부터 시작하여 점진적으로 확장해 나가는 전략이 효과적이다. 첫 번째 AI 프로젝트는 비교적 리스크가 낮고 성공 가능성이 높은 영역을 선택하는 것이 좋다. 예를 들어, 고객 문의 응대, 단순 반복 업무 자동화, 데이터 분석과 같은 업무부터 시작할 수 있다.

이러한 '작은 성공'이 쌓이면서 조직 내 AI에 대한 신뢰와 수용성이 높아지고, 더 복잡한 프로젝트로 나아갈 수 있는 토대가 마련된다. 또한 AI 도입은 기술적 변화 뿐만 아니라 조직 문화의 변화도 수반한다. 직원들이 AI를 위협으로 여기지 않고 협력적 도구로 인식할 수 있도록 충분한 교육과 소통이 필요하다. '사람 대체'가 아닌 '사람 증강'의 관점에서 AI 도입 목적을 명확히 설명하고, 직원들이 새로운 기술을 익히고 활용할 수 있는 기회를 제공해야 한다.

제 4장 사장님의 결단이 필요한 순간

4. 1. 기술보다 먼저 움직여야 하는 것은 '의지'

AX(인공지능 경험)는 본질적으로 기술의 문제가 아니다. 이는 의지와 결단의 문제다. 현재 시장에서 대부분의 중소기업은 이미 필요한 기술에 접근할 수 있는 충분한 환경에 놓여 있다. 과거와 달리 AI 기술은 더 이상 대기업만의 전유물이 아니다. 구독 기반의 SaaS(Software as a Service) 솔루션, 합리적인 가격의 클라우드 서비스, 심지어 무료로 활용 가능한 다양한 생성형 AI 도구까지 기술적 진입 장벽은 이미 크게 낮아졌다. 하지만 많은 중소기업이 AX를 도입하지 않는 이유는 단순하다. 그들이 아직 '결정하지 않았기 때문'이다. 모든 변화의 시작점은 결국 리더의 마음가짐이다. 사장이 머릿속으로 '우리도 AI를 도입해야 할 때가 왔다'라고 결심하는 순간, 비로소 변화는 시작된다. 그리고 그 결심이 없다면, 아무리 좋은 기술이 눈앞에 존재해도 무용지물일 뿐이다.

사장이 결심하고 명확한 방향을 제시하면 조직은 놀라운 속도로 바뀐다. 반면, 사장이 주저하고 "두고 보자" 식의 태도를 보이면 아무런 일도 일어나지 않는다. 실제로 AX 도입에 실패한 많은 사례를 분석해보면, 대부분은 기술 부족이나 인력 부족이 아닌 '미루는 리더십'에서 비롯된다. "다음 분기에 검토해 보자", "우리 업종에는 아직 시기상조다", "다른 회사들이 먼저 해보고 나서 결정하자"와 같은 결정 지연이 가장 큰 장애물이다.

많은 사장님들이 가지고 있는 막연한 기대가 있다. '언제가 되면 모든 것이 명확해질 것'이라는 기대, '누군가가 와서 완벽한 솔루션을 제시해 줄 것'이라는 기대. 하지만 디지털 혁신의 시대에 그런 '완벽한 때'는 결코 오지 않는다. 기술은 계속해서 발전하고, 경쟁 환경은 끊임없이 변화한다. 요컨대 '기다림'은 곧 '뒤처짐'을 의미한다.

AX는 단순한 도구의 교체가 아니다. 이는 조직의 심장과도 같은 핵심 시스템과 업무 프로세스를 바꾸는 일이다. 그 중심에는 반드시 리더의 강력한 드라이브와 명확한 비전이 필요하다. 사장이 직접 AX의 필요성을 인식하고, 조직 전체에 그 비전을 공유하며, 변화의 과정을 끝까지 지원할 때 성공적인 전환이 가능하다. 리더의 의지는 단순한 말로 그치지 않고, 구체적인 행동으로 이어져야 한다. 시간과 자원을 투자하겠다는 결단, 필요한 교육과 훈련을 지원하겠다는 약속, 그리고 초기 실패에도 불구하고 계속해서 추진하겠다는 끈기가 모두 필요하다. 기술 도입은 기술 자체보다 그것을 이끄는 리더의 의지에 더 크게 좌우된다.

리더의 결단은 또한 조직 내에서 AX의 우선순위를 결정한다. 모든 기업에는 제한된 자원이 있고, 수많은 과제가 산적해 있다. 사장이 AX를 우선순위로 선언하고 그에 맞는 자원을 배분할 때, 비로소 변화는 실질적인 추진력을 얻게 된다. 반면, 사장이 다른 일에 더 초점을 맞추고 AX를 '틈틈이 해볼 것'으로 취급한다면, 그 결과는 뻔하다. 결국, 성공적인 AX 도입의 첫 번째 조건은 기술이 아니라 사장의 결단이다. "우리는 이제 AX를 통해 비즈니스를 혁신하겠다"라는 명확한 의지 표명이 모든 변화의 시작점이 된다. 그리고 그 의지가 없다면, 아무리 뛰어난 기술도 의미 없는 도구에 불과할 뿐이다.

디지털 혁신의 시대에 '적절한 때'를 기다리는 것은 위험한 전략이다. 특히 AX와 같은 혁신적인 접근법에서는 더욱 그렇다. 많은 중소기업 사장님들이 입을 모아 말한다. "조금만 더 준비하고 시작하겠습니다." 하지만 현실은 그 '조금'이라는 시간이 끝내 도달하지 않는 경우가 대부분이다. 완벽한 준비란 사실상 불가능하기 때문이다.

AX 도입을 미루는 대표적인 이유들과 그에 대한 대응은 다음과 같다:

1. "우리 업종에는 아직 AI가 필요하지 않다"

* 반박: 모든 업종에는 반복적인 작업, 데이터 분석, 고객 응대 등

AI가 도움을 줄 수 있는 영역이 존재한다. 업종의 특성보다는 비즈니스 프로세스의 특성에 주목해야 한다.

2. "우리 회사는 너무 작아서 AI를 도입하기에는 이르다"

* 반박: 오히려 중소기업이 AI의 혜택을 더 크게 누릴 수 있다. 제한된 인력으로 다양한 업무를 처리해야 하는 중소기업에게 AI는 효율성을 극대화할 수 있는 도구다.

3. "AI 도입에는 많은 비용이 들 것이다"

* 반박: 현재는 구독 기반의 합리적인 가격의 AI 솔루션이 많이 존재한다. 초기 투자 비용은 생각보다 낮으며, ROI는 빠르게 나타날 수 있다.

4. "우리 직원들이 AI를 사용할 준비가 되어 있지 않다"

* 반박: 현대의 AI 도구들은 전문가가 아니어도 쉽게 사용할 수 있도록 설계되어 있다. 기본적인 교육과 지원만으로도 충분히 활용할 수 있다.

5. "더 많은 사례를 보고 결정하고 싶다"

* 반박: 이미 충분한 성공 사례가 존재한다. 더 많은 사례를 기다리는 동안, 경쟁사는 도저히 따라잡을 수 없는 속도로 더 멀리 나가 있을 것이다.

4. 2. 조직 문화와 마인드셋의 전환

AX는 단순히 새로운 소프트웨어를 설치하거나 최신 도구를 구매하는 것 이상의 의미를 갖는다. 이는 조직 전체가 '일하는 방식'을 근본적으로 바꾸는 과정이다. 따라서 성공적인 AX 도입을 위해 가장 먼저 변화해야 할 것은 조직의 문화와 구성원들의 마인드셋이다. 변화에 저항하는 조직 문화는 AX 도입의 가장 큰 장애물이다. "우리는 원래 이렇게 해왔어요"라는 말은 혁신의 무덤과도 같다. 이는 단지 익숙함과 안정성에 대한 선호를 넘어, 앞으로의 성장과 발전 가능성을 스스로 포기하겠다는 선언과 다름없다. 특히 오랜 기간 동안 특정 방식으로 일해온 중소기업일수록 이러한 저항은 더욱 강하게 나타난다.

조직 문화 변화의 첫 번째 단계는 '두려움 극복'이다. 많은 직원들이 AI에 대해 불안감을 느끼는 것은 자연스러운 현상이다. "내 일자리가 사라지는 것은 아닌가?", "내가 가진 기술이 무용지물이 되는 것은 아닌가?", "내가 AI를 다루기에는 너무 늦은 것은 아닌가?"와 같은 걱정이 존재한다. 이러한 두려움을 인정하고 정면으로 다루는 것이 중요하다. AI는 사람의 일을 '빼앗는' 존재가 아니라 사람을 '돕는' 조력자라는 점을 명확히 인식시켜야 한다. AI가 대체하는 것은 사람 자체가 아니라, 사람이 하는 반복적이고 비효율적인 일들이다. 데이터 입력, 단순 계산, 기초적인 문서 작성과 같은 저부가가치 업무를 AI가 처리함으로써 인간은 더 높은 수준의 창의성, 공감 능력, 전략적 사고와 같은 고유한 역량을 발휘할 수 있는 기회를 얻는다.

두 번째 단계는 '학습 문화'의 조성이다. AI 기술은 계속해서 발전하고 있으며, 이에 적응하기 위해서는 조직 전체가 지속적인 학습을 중요시하는 문화를 가져야 한다. 사장부터 시작해서 모든 구성원이 새로운 기술에 대한 호기심과 열린 마음으로 실험하고, 배우고, 때로는 실패하더라도 그것을 교훈으로 삼는 분위기가 필요하다.

세 번째 단계는 '협업 문화'의 강화다. AX는 AI와 사람의 협업을 의미 한다. 부서 간, 직급 간 경계를 넘어서 정보와 아이디어를 공유하고, 함께 문제를 해결하는 문화가 필요하다. 기존의 수직적이고 폐쇄적인 조직 문화에서는 AX의 잠재력을 충분히 발휘할 수 없다.

마지막으로, '실험과 혁신'을 장려하는 문화가 필요하다. 모든 새로운 시도가 성공하지는 않겠지만, 실패를 두려워하지 않고 계속해서 새로운 가능성을 탐색하는 자세가 중요하다. 사장이 직접 "우리는 실패를 통해 배운다"는 메시지를 전하고, 직원들의 혁신적인 아이디어를 적극적으로 지원할 때 진정한 변화가 일어날 수 있다.

AX를 성공적으로 도입하기 위해서는 기술 도입 이전에 반드시 이러한 조직 내 커뮤니케이션과 문화 변화가 선행되어야 한다. 사장은 변화의 비전과 방향을 명확히 제시하고, 구성원들의 우려와 질문에 열린 자세로 대응해야 한다. 투명한 정보 공유, 교육 기회 제공,

성공 사례 공유 등을 통해 조직 전체가 변화의 필요성과 혜택을 이해하고 받아들일 수 있도록 돕는 것이 중요하다. 결국, 성공적인 AX 도입은 기술 자체보다는 그 기술을 효과적으로 활용할 수 있는 조직 문화와 마인드셋에 달려 있다. 기술은 구매할 수 있는 것이지만, 문화는 리더의 꾸준한 노력과 의지를 통해 형성되는 것이다.

4. 3. 실패하지 않는 AX의 5가지 조건

AX 도입은 기업에 혁신적인 변화를 가져올 수 있지만, 모든 기업이 성공적으로 이를 이끌어내는 것은 아니다. 많은 기업들이 초기 투자에도 불구하고 기대했던 성과를 거두지 못하는 경우가 있다. 그렇다면 성공적인 AX 도입을 위한 핵심 조건은 무엇인가? 여기에 실패하지 않는 AX의 5가지 필수 조건을 자세히 살펴보자.

첫째. 사장이 주도해야 한다

AX 도입의 가장 중요한 성공 요인은 사장의 직접적인 참여와 주도력이다. 이는 단순히 예산을 승인하거나 외부 컨설턴트를 고용하는 것에 그치지 않는다. 사장이 직접 AX의 비전을 제시하고, 핵심 의사결정에 참여하며, 전체 과정을 모니터링하고 지원해야 한다. 외부 컨설턴트나 실무자에게만 AX 도입을 맡기는 것은 실패로 가는 지름길이다. 이들은 기술적인 측면에서는 도움을 줄 수 있지만, 조직의 핵심 비즈니스 전략과 문화를 완전히 이해하기는 어렵다. 또한 권한이 제한되어 있어 필요한 변화를 강력하게 추진하기 어렵다.

사장의 적극적인 참여는, AX가 단순한 IT 프로젝트가 아닌 비즈니스 혁신의 핵심 요소로 자리매김하게 한다. 이는 또한 조직 전체에 변화의 중요성과 우선순위를 명확히 전달하는 가장 효과적인 방법이다. 특히, 의외로 많은 기업들이 자신들이 왜 AI를 도입하여 무엇을 달성하려 하는지에 대한 명확한 목적의식이 없이 AI를 도입하려고 한다. 이 경우 노력과 자원 투입에도 불구하고 성공 확률이 낮아질 수 있음을 유의해야 한다.

둘째. 작게 시작하되 명확한 문제를 해결하라

AX 도입의 두 번째 핵심 조건은 적절한 범위 설정이다. 처음부터 너무 큰 규모로 시작하거나, 모든 문제를 한 번에 해결하려는 시도는 거의 실패로 이어진다. 작은 규모로 시작하되 명확하고 측정 가능한 비즈니스 문제에 초점을 맞추는 것이 효과적이다. '작게 시작하라'는 조언은 리스크를 최소화하면서도 학습 효과를 극대화하기 위한 전략이다. 소규모 파일럿 프로젝트는 상대적으로 적은 투자로 빠르게 시작할 수 있으며, 실패하더라도 그 영향이 제한적이다. 동시에, 이를 통해 얻은 경험과 교훈은 추후 더 큰 규모의 프로젝트에 적용할 수 있다. '명확한 문제를 해결하라'는 조언은 AX의 목표와 성과 측정을 구체화하는 것을 의미한다. "AI를 도입한다"는 것 자체가 아니라 "고객 응대 시간을 30% 단축한다" 또는 "마케팅 캠페인의 전환율을 20% 향상시킨다"와 같은 구체적인 비즈니스 성과를 목표로 설정해야 한다.

예를 들어, 전체 고객 서비스 시스템을 한 번에 재구축하는 대신, 자주 묻는 질문(FAQ)에 대한 AI 챗봇을 우선 구현하는 방식으로 시작할 수 있다. 이를 통해 즉각적인 성과를 보여주면서도, 추후 더 복잡한 고객 상호작용으로 확장할 수 있는 기반을 마련할 수 있다.

셋째, 데이터를 중심에 두라

AX의 세 번째 핵심 조건은 데이터 중심적 접근이다. AI의 성능은 그것이 학습하는 데이터의 질과 양에 직접적으로 영향을 받는다. 아무리 뛰어난 AI 알고리즘이라도 부적절하거나 불충분한 데이터로는 좋은 결과를 얻을 수 없다.

많은 중소기업이 "우리는 데이터가 부족하다"라고 생각하지만 실제로는 이미 상당한 양의 데이터를 보유하고 있는 경우가 많다. 고객 정보, 거래 내역, 제품 정보, 재고 데이터, 직원 성과 등 다양한 데이터가 존재한다. 중요한 것은 이 데이터를 체계적으로 수집, 정리, 분석하는 프로세스를 구축하는 것이다. 감이나 직관이 아닌 데이터 기반으로 접근할 때, AI는 가장 효과적으로 작동한다. 그리고 이는 단순히 기술적인 문제가 아니라 조직 문화의 문제이기도 하다. 사장부터 시작해서 모든 의사결정이 가능한 한 데이터에 기반해야 한다는 원칙을 세우고 실천하는 것이 중요하다.

넷째. 내부 피드백을 자산화하라

AX 도입의 네 번째 핵심 조건은 내부 피드백의 효과적인 활용이다. 어떤 혁신 프로젝트든 초기에는 시행착오가 불가피하다. 중요한 것은 이러한 실패나 시행착오를 비난하거나 숨기지 않고, 오히려 귀중한 학습 기회로 인식하는 것이다. '내부 피드백을 자산화하라'는 조언은 다음과 같은 활동을 포함한다.

중소기업은 대기업에 비해 의사결정 과정이 간소화되어 있고, 조직 구조가 유연하다는 장점이 있다. 이는 피드백을 빠르게 수집하고 반영할 수 있다는 강점으로 작용한다. 사장이 직접 현장의 목소리를 듣고, 즉각적인 조치를 취할 수 있는 환경을 조성하는 것이 중요하다. 시행착오는 성장의 재료다. 초기 단계에서 발생하는 문제점을 열린 마음으로 받아들이고, 이를 바탕으로 프로세스와 접근법을 지속적으로 개선해 나가는 것이 AX 성공의 핵심이다. 팀원들과 경험을 꾸준히 공유하고, 서로의 지식과 통찰을 활용하는 협업 문화를 조성해야 한다.

다섯째. 성과는 수치로 증명하라

AX 도입의 마지막 핵심 조건은 성과의 객관적인 측정과 공유다. 명확한 성과 측정 없이는 AX 프로젝트의 가치를 입증하기 어렵고, 결과적으로 지속적인 지원과 투자를 확보하기도 어렵다.

AX의 성과는 다양한 측면에서 측정될 수 있다. 비용 절감(인건비, 운영비 등), 효율성 향상(처리 시간, 오류율 감소 등), 매출 증대(전환율, 객단가 등), 고객 만족도 향상(NPS, 재구매율 등) 등 기업의 목표에 맞는 적절한 지표를 선정해야 한다. 수치로 증명된 성과는 AX에 대한 추가 투자와 확장을 정당화하는 강력한 근거가 된다. 또한 이는 조직 내에서 AX의 가치를 인식시키고, 구성원들의 참여와 지지를 얻는 데도 중요한 역할을 한다.

눈에 보이는 성과가 있을 때, 변화에 대한 저항도 자연스럽게 줄어든다. 특히 ROI를 명확히 측정하고, 그것을 조직 전체에 인식시키는 것이 중요하다. 이는 단순히 기술적 성공이 아닌, 비즈니스 성공을 입증하는 것이다. 예를 들어, "AI 챗봇 도입으로 고객 응대 시간이 60% 감소했고, 이로 인해 연간 인건비 3,000만 원을 절감했다"와 같은 구체적인 수치는 강한 설득력을 갖는다.

4. 4. See → Do → Plan: 불확실성 시대의 실행 철학

우리는 늘 "계획하고, 실행하고, 평가하라"고 배워왔다. 학교에서도, 기업 교육에서도, 정부 과제에서도. 이 사고방식은 질서 있고 안정적인 세계에선 매우 유용했다. 하지만 지금 우리가 맞이한 시대는 그런 세계가 아니다. 특히 AX와 같은 기술적·조직적 전환 앞에서는, '계획'이 오히려 장애물 이 되는 경우가 많다. 아무도 경험하지 않은 영역에서 완벽한 계획은 존재하지 않기 때문이다.

전통적인 사고방식은 확실성을 전제로 한다. 시장이 안정적이고 소비자 행동이 예측 가능하며 기술 변화가 점진적인 시대에는 장기적 계획 수립이 효과적이었다. 하지만 오늘날의 세계는 근본적으로 다르다. 기하급수적 기술 발전, 예측 불가능한 시장 변화, 전례 없는 글로벌 위기가 일상이 된 시대다. 이런 환경에서 전통적인 순서는 더 이상 작동하지 않는다.

특히 AI경험(AX)이나 디지털 트랜스포메이션과 같은 새로운 영역에서 계획 중심의 접근법은 효과가 제한적이다. 왜냐하면 이런 영역은 아직 완전히 정립되지 않았고, 모범 사례나 명확한 성공 지표도 부족하기 때문이다. 이런 상황에서 완벽한 계획을 세우려는 시도는 마치 지도 없이 미지의 숲을 통과하기 위한 상세 일정을 작성하는 것과 같다.

더욱이, 전통적인 계획-실행-평가 모델은 과도한 자원과 시간을 소모한다. 계획 단계에서만 수개월이 소요되는 경우가 많으며, 그 동안 시장 환경은 이미 변해버린다. 결국 실행 시점에는 계획이 이미

낡아버린 상태가 된다.

그래서 필요한 사고 전환이 있다. 먼저 본다(See). 현장을, 조직을, 데이터를, 시장의 흐름을, 고객의 행동을 있는 그대로 본다. 그리고 바로 실행한다(Do). 빠르고 작게, 리스크를 감당할 수 있는 수준으로 움직여본다. 마지막에야 비로소 계획한다(Plan). 이미 본 것과 실행한 것을 바탕으로 다음 스텝을 설계하는 것이다. 이 방식은 단순한 절차의 역전이 아니다. 그것은 불확실성 속에서 유일하게 유효한 실행 철학이다. 특히 AX처럼 전례가 없고 정답이 없는 영역에서는, 시도 없이 설계하는 계획은 모두 착각에 불과하다.

'See'는 단순한 관찰을 넘어서는 깊은 몰입과 통찰을 의미한다. 이는 데이터를 보는 것만이 아니라 고객의 실제 행동과 감정, 문화적 맥락, 시장의 미묘한 변화까지 감지하는 것이다. 이 단계에서는 판단을 유보하고 현상을 있는 그대로 받아들이는 능력이 중요하다. 선입견과 기존 지식에 의존하지 않고, 마치 처음 보는 것처럼 현실을 인식해야 한다.

'Do'는 신속한 실험과 프로토타이핑을 의미한다. 작고 감당 가능한 위험을 감수하면서 아이디어를 실제로 구현해보는 단계다. 이는 완벽주의를 버리고 '충분히 좋은' 수준의 솔루션을 빠르게 개발하는 것을 의미한다. 실패를 두려워하지 않고, 오히려 실패를 학습의 기회로 삼는 마음가짐이 필요하다.

'Plan'은 경험에서 얻은 인사이트를 바탕으로 한 전략적 계획 수립이다. 이전 단계에서 얻은 실제 데이터와 경험적 증거를 토대로 다음 단계를 설계한다. 이 계획은 고정된 것이 아니라, 지속적인 학습과 적응을 통해 계속 발전하는 유기체와 같다.

이 접근법의 핵심은 실제 경험을 통한 학습이다. 추상적인 아이디어나 가설에 의존하지 않고, 실제 상황에서 얻은 구체적인 피드백을 바탕으로 의사결정을 한다. 이는 특히 빠르게 변화하는 환경에서 조직의 민첩성과 적응력을 높이는 것에 효과적이다.

중소기업에는 대기업이 갖는 리소스, 시간, 인내심이 없다. 완벽한 계획을 세우고 예산을 따서, 팀을 꾸려서, 과제를 시작할 여유가 없다. 대신, 빠르게 움직일 수 있다. 관찰(See), 시도(Do), 조정(Plan)의 사이클을 짧게 반복할 수 있다. 이것이 바로 중소기업형 AX 전략의 본질이다.

중소기업의 제한된 자원은 역설적으로 강점이 될 수 있다. 대기업은 대규모 투자와 복잡한 의사결정 구조로 인해 방향 전환이 어렵지만, 중소기업은 상대적으로 적은 이해관계자와 간소화된 의사결정 프로세스를 가지고 있어 빠르게 피봇할 수 있다. 이런 민첩성은 불확실한 환경에서 큰 경쟁 우위가 된다.

또한, 중소기업은 고객과 더 가까운 거리에 있어 실시간 피드백을 얻기 쉽다. 이는 'See' 단계에서 더 정확한 통찰을 얻을 수 있게 해준다. 고객의 미묘한 반응과 요구 변화를 빠르게 감지하고 대응할 수 있는 것이다. 실행(Do) 측면에서도 중소기업은 관료주의적 절차 없이 신속하게 아이디어를 테스트할 수 있다. 새로운 기술이나 서비스를 소규모로 시험하고, 효과가 있을 경우 빠르게 확장할 수 있는 유연성을 갖추고 있다.

예를 들어, 어떤 사장이 AI를 도입하려고 할 때 GPT를 써보고, 블로그 하나를 AI로 써보고, 고객 반응을 보고 나서야 비로소 "우리에겐 AI 콘텐츠팀이 필요하다"는 결론을 낼 수 있다. 이게 바로 See → Do → Plan이다. 반대로, 처음부터 AI 전략 기획서를 쓰고 6개월을 투자하면, 그 전략은 시장과 내부 모두에서 낡아버린다.

이러한 방식은 중소기업이 제한된 자원을 효율적으로 활용하면서도 혁신을 추구할 수 있게 해준다. 대규모 투자 없이도 점진적인 개선과 혁신을 통해 경쟁력을 유지하고 성장할 수 있는 것이다. 또한 실패의 비용이 상대적으로 적기 때문에, 더 과감한 실험과 혁신을 시도할 수 있는 여지가 있다. 현대의 디지털 도구와 클라우드 서비스는 이러한 중소기업의 접근법을 더욱 효과적으로 만든다. 과거에는 대규모 IT 인프라가 필요했던 서비스도 이제는 구독 기반 모델로 쉽게 접근할 수 있게 되었다. 이는 'Do' 단계의 진입 장벽을 크게 낮추었다.

See → Do → Plan은 실행 방식이 아니라, 사장의 감각 체계 전환이다. 이전까지는 '생각하고, 생각하고, 실행'이었다면, 이제는 '본다 → 바로 한다 → 생각은 반복해서 한다'가 되는 것이다. 이 감각은 처음에는 불안하지만, 일단 한 번 순환하면 모든 게 바뀐다. 조직이 학습하고, 실험이 데이터가 되고, 전략이 살아 움직이게 된다.

이 새로운 감각은 깊은 인식론적 전환을 요구한다. 확실성에 대한 집착을 버리고, 불확실성을 자연스러운 상태로 받아들이는 마음가짐이 필요하다. 완벽한 계획이 없더라도, 정답을 알지 못하더라도, 행동할 수 있는 용기가 필요하다. 이 감각의 핵심은 '지혜로운 무지'의 상태다. 소크라테스가 말한 "내가 아는 것은 내가 모른다는 사실뿐이다"라는 명제를 받아들이는 것이다. 이는 지식의 부재가 아니라, 오히려 더 높은 형태의 지혜에 해당한다. 불확실성을 인정하고 그 속에서 행동하는 능력이다. 조직 리더에게 이 감각은 통제력을 포기하는 것처럼 느껴질 수 있다. 하지만 실제로는 더 효과적인 형태의 통제를 획득하는 과정이다. 고정된 계획에 의존하는 대신, 현실에 기반한 적응적 통제를 실현하는 것이다. 이러한 감각이 체화되면, 리더는 위기 상황에서도 평정을 유지할 수 있다. 예상치 못한 변화나 실패를 두려워하지 않고, 오히려 그것을 학습과 성장의 기회로 인식한다. 이는 단순한 관리 기술이 아니라, 세상을 인식하고 상호작용하는 근본적인 방식의 변화다.

See → Do → Plan 사이클이 반복되면서, 조직 전체가 이러한 감각을 공유하게 된다. 실험과 학습이 일상적인 문화가 되고, 실패는 비난의 대상이 아닌 가치 있는 데이터 소스로 인식된다. 이런 문화 속에서 직원들은 더 자율적으로 행동하고, 창의적인 해결책을 제시하며, 변화에 더 민첩하게 대응할 수 있다. 궁극적으로, See → Do → Plan은 단순한 업무 프로세스의 변화가 아니라 조직의 DNA를 재구성하는 철학적 접근법이다. 이는 불확실성을 두려워할 대상이 아닌, 기회의 원천으로 바라보는 시각의 전환을 가져온다. 그리고 이러한 전환은 현대 비즈니스 환경에서 생존하고 번영하기 위한 필수적인 요소이다.

4. 5. 데이터 없는 조직은 질문할 수 없다

AI는 데이터를 먹고 자란다. 이는 기술적 사실이자 비즈니스적 현실이다. 그러나 많은 조직들이 간과하는 중요한 진실이 있다. AX(AI Experience)는 단순히 '데이터를 많이 가진 조직'의 전유물이 아니라는 점이다. 대기업만의 특권도, 기술 산업만의 장점도 아니다. 진짜 핵심은 이 근본적인 질문에 있다. '당신의 조직은 지금 데이터를 만들어내고 있는가?'

이 질문은 단순해 보이지만, 대부분의 조직이 정직하게 대답하기 어려운 질문이다. 많은 중소기업들이 매일 엑셀 파일을 작성하고, 이메일을 주고받으며, 보고서를 작성한다. 그러나 이러한 일상적 활동이 실제로 미래 가치를 지닌 데이터를 쌓고 있다는 착각에 빠지기 쉽다. 회의에서 오가는 기록되지 않는 말들, 베테랑 직원들의 머릿속에만 남아있는 노하우, 문서화되지 않은 중요한 의사결정들, 고객과의 대화에서 얻은 통찰력이 문서화 되지 않고 사라지는 순간들. 이런 현상이 반복되는 조직은 '데이터를 다루는 조직'이 아니라, 사실상 '데이터를 흘려보내는 조직'인 것이다.

데이터의 가치는 단순한 양이 아니라 질과 연속성에 있다. 단발적으로 수집된 정보는 데이터가 아니라 단순한 기록에 불과하다. 진정한 데이터는 패턴을 발견할 수 있고, 시간의 흐름에 따른 변화를 읽을 수 있으며, 무엇보다 조직의 의사결정에 도움이 되는 형태로 축적된다.

데이터는 기술이 아니라 문화다. 이 문장은 AX를 도입하려는 모든 조직이 깊이 이해해야 할 진실이다. 회의록을 체계적으로 남기는 습관, 고객 응대 후 간단하지만 일관된 로그를 남기는 행위, 영업 활동을 수치화해서 투명하게 공유하는 시스템, 팀 간 지식 전달을 위한 문서화 관행 - 이 모든 것들은 거창한 IT 인프라나 고급 분석 도구의 도입 이전에, 조직 구성원 들의 작은 실천과 의식의 차이에서 시작된다.

많은 리더들은 데이터 시스템을 도입하면 데이터 문화가 자연스럽게 따라올 것이라 기대한다. 그러나 현실은 정반대다. 데이터는 시스템보다 습관이 먼저다. 아무리 정교한 CRM 시스템을 도입해도, 영업사원들이 고객 정보를 입력하지 않으면 무용지물이다. 아무리 비싼 ERP를 구축해도, 현장 담당자들이 실시간으로 정보를 업데이트하지 않으면 신뢰할 수 없는 데이터만 쌓일 뿐이다.

데이터 문화의 부재는 종종 눈에 보이지 않는다. 시스템은 있지만 사용되지 않고, 보고서는 작성되지만 실질적인 내용은 빈약하며, 정보는 공유 되는 것처럼 보이지만 실제로는 개인의 노트북과 이메일 속에 파편화되어 있다. 이런 상황에서는 아무리 고급 AI 도구를 도입해도 제대로 된 결과를 얻을 수 없다.

그렇다면 왜 직원들은 기록하지 않는가? 이유는 생각보다 단순하지만 깊은 조직 심리학과 관련되어 있다. 기록은 많은 조직에서 감시의 도구처럼 느껴지기 때문이다. 대부분의 직장에서 '로그를 남겨라', '상세한 보고서를 쓰라', '활동 내역을 기록하라'는 명령은 신뢰와 자율성을 부여하는 언어가 아니라 통제와 감시의 언어로 인식된다. 이러한 인식 때문에 직원들은 기록을 회피하거나, 형식적으로만 응하거나, 최소한의 정보만 공유하는 방식으로 대응한다. 때로는 의도적으로 중요한 정보를 생략하거나, 자신만의 비공식 기록 시스템을 만들어 진짜 가치 있는 정보를 조직 밖으로 이탈시킨다. "내가 알고 있는 것을 모두 공유하면, 내 가치는 어디에 있는가?"라는 무의식적 방어 기제가 작동하는 것이다. 이는 AI 이전에도 조직의 지식 관리와 의사결정 능력을 크게 약화시키는 구조였다. 그러나 AI 시대에는 이 문제가 훨씬 더 치명적인 약점으로 작용한다. 데이터가 없는 곳에서 AI는 그저 비싼 장식품에 불과하기 때문이다.

AX를 효과적으로 도입하려면, 조직은 먼저 데이터에 관한 근본적인 질문의 방향을 바꿔야 한다. "왜 직원들은 기록하지 않는가?"에서 "기록하면 직원들과 조직 모두에게 어떤 실질적 이점이 있는가?"로. "왜 팀원들은 지식을 공유하지 않는가?"에서 "지식 공유가 활성화되면 우리 모두가 얼마나 업무 효율이 높아지고 의사결정이 빨라지는가?"로. 즉, 강제와 통제가 아닌 합리와 공감의 방식으로 데이터 생산 문화를 새롭게 설계해야 한다. 기록은 감시의 도구가 아니라 조직 내 다양한 지식과 경험을 연결하는 다리가 되어야 한다. 데이터는 '내 일'을 감독자에게 설명하는 수단이 아니라, '우리 일'을 명확히 정의하고 발전시키는 공동의 언어가 되어야 한다. 그리고 이 공통 언어가 없다면, 아무리 고급 AI 도구와 시스템을 도입해도 AI는 조직에 아무것도 할 수 없다.

이러한 관점의 전환은 구성원들이 데이터 생산에 자발적으로 참여하게 만드는 핵심이다. 직원들이 데이터를 공유했을 때 오히려 자신의 업무가 더 쉬워지고, 자신의 공헌이 더 가시적으로 인정받을 수 있다는 경험을 해야 한다. 데이터가 강압의 도구가 아닌 자신의 성장과 인정을 위한 자산이 될 때, 진정한 데이터 문화가 형성된다.

따라서 CEO나 리더는 고급 AI 시스템을 도입하기 전에 먼저 데이터 문화를 설계하는 것에 집중해야 한다. 문서화와 기록을 통해 구성원이 인정 받고 보상받는 구조, 제안이 투명하게 반영되고 그 기여에 대한 크레딧이 명확히 남는 구조, 데이터를 통해 리더십의 의사결정이 투명하게 보이는 구조가 필요하다. 팀 미팅에서 나온 아이디어가 누구에 의해 제안되었는지 명확히 기록하고, 그 아이디어가 실행될 때 원저자에게 공개적 인정을 하는 시스템은 자발적 지식 공유를 촉진한다. 또한 고객 피드백을 꾸준히 일관되게 기록한 직원의 통찰력이 제품 개발이나 서비스 개선에 반영될 때, 그 기여를 구체적으로 인정하는 것은 데이터 생산의 가치를 입증하는 강력한 사례가 된다. 팀 리더들은 단순히 '기록하라'고 지시하는 대신, 기록의 목적과 가치를 명확히 설명하고, 그 과정을 최대한 간소화해야 한다. 또한 데이터 공유가 개인의 성과 평가와 연결될 때는 극도의 주의가 필요하다. 데이터가 처벌의 도구가 아닌 학습과 개선의 도구라는 신뢰를 구축해야 한다.

이런 문화적 토대와 신뢰 구조를 설계할 때, 조직 구성원들은 점차 데이터를 귀찮은 의무가 아닌 중요한 자산으로 받아들이기 시작한다. 데이터는 더 이상 '위에 보고하는 것'이 아니라 '우리가 함께 만들어가는 가치'로 인식된다.

결국 AX는 단순히 데이터를 분석하거나 AI 도구를 도입하는 일이 아니다. 그것은 데이터가 자연스럽게 생산되고, 공유되며, 가치를 창출하는 조직 문화를 만드는 일이다. 이것이 AX 여정의 진정한 시작점이다. 그리고 이 첫 번째 전제 없이는, 그 어떤 화려한 AI 전략도, 비싼 시스템 도입도, 전문가 영입도 실질적인 성과로 이어질 수 없다. 질문조차 불가능한 조직에 AI는 침묵할 뿐이다. 데이터가 없는 곳에 인사이트도 없고, 기록되지 않은 경험에서는 패턴도 발견할 수 없다. 데이터 문화는 하루아침에 만들어지지 않는다. 그것은 리더의 일관된 메시지, 작은 성공 사례의 축적, 구성원들의 점진적인 인식 변화를 통해 천천히 그러나 확실하게 구축된다. 기술은 언제든 도입할 수 있지만 문화는 오랜 시간에 걸쳐 형성된다. AX의 여정에서 가장 중요한 첫걸음은 바로 이 문화적 토대를 다지는 일이다.

[케이스스터디]
중견광고대행사의 생존을 위한 도전

덱스터크레마는 2009년 설립된 디지털 콘텐츠 기반의 광고 에이전시다. 현재는 임직원 120명, 주요 대기업 고객사를 보유한 중견기업이며, 상장사 자회사로 체계적인 경영 인프라를 갖추고 있다. 15년이 넘는 업계 경험과 안정적인 재무구조, 그리고 다양한 산업군에 걸친 풍부한 프로젝트 포트폴리오를 확보하고 있어 외부에서 보기에는 도메인 내에서 DX의 선두 주자 중 하나이다. 수년간 축적된 콘텐츠 제작 노하우와 대형 브랜드들과의 신뢰 관계는 이 회사의 중요한 자산이다. 외형만 보면 AX를 당장 도입해도 무리가 없을 듯 보이지만, 실상은 그렇지 않다.

덱스터크레마 역시 AX를 '완성'한 것이 아니라, AX를 '묻고 실험하는' 단계에 있다. 이 조직은 AX가 단순한 기술 도입이나 일시적 트렌드가 아니라는 점을 명확히 인식하고 있다. - AX는 소프트웨어 패키지처럼 구입해서 설치할 수 있는 것이 아니며, 외부 컨설팅을 통해 단기간에 완성될 수 있는 프로젝트도 아니다. 오히려 조직의 DNA와 업무 방식, 의사결정 체계, 그리고 고객과의 관계까지 재정의하는 근본적인 변화를 요구한다. - 일찍이 새로운 트렌드를 받아들이고 톱-다운으로 순발력 있게 습득하면서 피봇팅에 능한 이 조직의 진짜 강점은 그 실험을 조직 전반에서 의도적으로, 전략적으로 설계하고 있다는 점에 있다.

최고 경영진의 사고를 확장하는 AI

이 회사의 전략 부문에서는 대표이사의 의사결정을 구조화하기 위한 프로젝트가 진행 중이다. 이는 단순히 반복적인 의사결정을 자동화하는 차원을 넘어선다. 대표이사는 지난 15년간 수천 건의 프로젝트를 진두지휘하며 축적한 암묵지(tacit knowledge)를 어떻게 조직 전체에 전파할 수 있을지 고민해왔다. 그 해결책으로 등장한 것이 바로 '경영자의 사고 모델'을 AI로 구현하는 프로젝트다. 단순한 리서치 자동화를 넘어서, 대표의 사고를 흉내 내는 RAG(Retrieval-Augmented Generation) 기반 챗봇과 디지털 아바타를 개발했다.

이 시스템은 대표이사의 과거 의사결정 히스토리, 회의록, 이메일, 주요 프레젠테이션, 심지어 음성 녹취까지 학습하여 그의 의사결정 패턴을 모델링한다. 이를 통해 새로운 상황에서도 대표이사가 어떤 질문을 던질지, 어떤 요소를 중요하게 고려할지, 어떤 방향으로 결론을 내릴지 예측하고 시뮬레이션할 수 있다. 이것은 AI가 정보를 전달하는 것이 아닌 조직의 의사결정 맥락을 이해하고 재현하는 시도다. 말하자면 'AI CEO'의 개념이 조직 안에서 현실 실험되고 있는 것이다.

해외에서는 AI CEO 사례가 실제로 생겨나고 있다. 가령, 폴란드의 럼주 제조업체 딕타도르(Dictador)는 세계 최초로 AI 기반 로봇인 '미카(Mika)'를 CEO로 임명했다. 미카는 핸슨 로보틱스(Hanson Robotics)와의 협업을 통해 개발되었으며, 회사의 전략적 결정을 지원하고 브랜드 홍보 활동에 참여한다. 딕타도르는 미카의 임명을 통해 혁신적인 기업 이미지를 강화하고자 했다.

또한, 중국의 온라인 게임 개발사 넷드래곤 웹소프트(NetDragon Websoft)는 2022년 말 AI 프로그램 '탕위(Tang Yu)'를 CEO로 임명했다. 탕위는 회사의 일상적인 운영을 관리하고, 효율성을 높이며, 공정한 업무 환경을 조성하는 역할을 맡았다. 이러한 조치는 회사의 주가 상승과 함께 긍정적인 반응을 얻었다.

마지막으로, 중국의 스타트업 헤이 보스(Hey Boss)는 최근 AI 시스템 '아스트라(Astra)'를 CEO로 임명했다. 아스트라는 24시간 근무하며 30개 이상의 언어를 구사할 수 있는 능력을 갖추고 있다. 이러한 임명은 기업의 혁신적 접근 방식을 보여주는 사례로 주목받고 있기도 하다.

이 프로젝트의 실질적 효과는 즉각적으로 나타났다. 신규 프로젝트 검토 시간이 평균 72시간에서 24시간으로 단축되었고, 중간 관리자들은 이 AI 시스템을 통해 "대표님이라면 어떻게 생각하실까?"라는 질문에 대해 더 정확한 답을 구할 수 있게 되었다. 더 중요한 것은 이 시스템이 단순히 대표이사의 결정을 복제하는 것이 아니라 그의 '질문하는 방식'과 '문제 접근법'을 조직 전체에 전파하는 학습 도구로 기능한다는 점이다. 이는 리더십의 본질이 무엇인지에 대한 근본적인 질문을 던진다.

분산형 혁신: See – Do – Plan, 조직 전체가 AI 실험실이 되다

기획과 영업 부문은 훨씬 더 분산적이다. 각 팀이 자기 고객, 자기 영역, 자기 언어를 기반으로 스몰 AI 프로덕트를 개발하도록 독려되며, 이를 사내 공모전 방식으로 캠페인화 했다. 어떤 팀은 고객사의 브랜드 톤앤매너를 학습한 AI 카피라이터를, 또 다른 팀은 소비자 리뷰를 분석해 실시간으로 브랜드 이미지를 시각화하는 대시보드를 개발했다. 심지어 특정 산업군의 트렌드를 예측하는 AI 기반 조기경보 시스템까지 등장했다. 이러한 접근법의 핵심은 '톱-다운'이 아닌 '바텀-업' 방식으로 AI 역량을 구축한다는 데 있다.

경영진은 방향성과 리소스만 제공할 뿐, 구체적인 실행과 혁신은 현장의 실무자들에게 맡긴다. 이 과정에서 직원 개인의 이름이 들어간 특허가 출원되고, 일부는 실제 납품 가능한 상품으로까지 발전한다. 지난 1년간 이러한 사내 AI 공모전을 통해 다수의 프로토타입이 개발되었고, 그중 2개는 이미 고객사에 시범 서비스로 제공되고 있다.

AX 활동의 일환으로 탄생한 결과물 중 하나는 바로 '링크플로러'이다. 링크플로러는 처음부터 큰 프로젝트가 아니었다. 시작은 사소했다. "왜 우리는 인플루언서 콘텐츠를 기획하면서, 이 커머스 흐름에 직접 참여하지 않지? 왜 페인포인트를 문제라고 인식하지 못하지?"라는 단순한 질문에서 시작되었다. 광고 회사는 늘 트렌드를 소비하지만, 이제는 트렌드를 만들어야 한다는 필요성이 싹트게 된 시점이었다. AX의 핵심은, '브리프를 기다리지 않는 조직'이 되는 것이기에, 우리는 실험을 허락했다. PoC(Proof of Concept)

는 빠르게 돌아갔으며, 첫 버전은 인플루언서가 제품을 리뷰하고 구매 링크를 달고 클릭과 전환 데이터를 추적하는 구조로써 단순했지만 강력했다. 특히 기존 본업에서 축적된 '에셋 제작력', '카피라이팅', 'SNS 타깃팅 노하우'가 그대로 녹아들었다.

이후 베타 테스트는 수익이 크진 않았지만, 고객사의 반응이 달랐다. PoC를 통해 회사는 링크플로러를 단순 커머스가 아닌, 데이터 기반의 성과형 인플루언서 마케팅 플랫폼으로 재정의했다. 광고주가 직접 상품을 등록하고, 인플루언서가 콘텐츠로 판매하고, 성과는 실시간으로 트래킹되는 과정에서 참여한 플레이어 모두가 공정한 운동장에서 수익을 실현할 수 있게 하였다. 그리고 회사는 중간관리자이자 퍼포먼스 매니저가 되었다.

현재 링크플로러는 사업부 내에서 차세대 수익모델로 자리잡았고, B2B 협업 및 정부 R&D 사업도 병행하고 있으며, 담당 조직의 문화도 변화시키고 있다. 이 흐름을 통해 조직은 작은 성공을 '설계'할 수 있다는 자신감을 얻었다.

이 구조는 중앙의 명령이 아니라, 주변부에서 시작되는 실험이라는 점에서 '자생적 AX'를 보여주는 대표적 사례다. 특히 주목할 만한 점은 이러한 분산형 혁신이 조직 내 AI 활용 능력의 불균형 문제를 자연스럽게 해소한다는 것이다. 기술에 능숙한 직원들은 자신의 아이디어를 실현할 기회를 얻고, 상대적으로 기술 활용에 어려움을 겪는 직원들은 동료들의 성공 사례를 보며 점진적으로 AI 활용 역량을 키워나간다.

데이터 기반 의사결정의 새로운 패러다임

재무팀은 실적 포캐스팅과 가치 평가를 위해 퍼플렉시티, 젠스파크 등의 툴을 활용해 '데이터룸'을 구축했다. 이전까지 재무팀은 전통적인 스프레드시트와 회계 소프트웨어에만 의존해 재무 분석과 예측을 수행해왔다. 그러나 이제 AI 기반 데이터 분석 플랫폼을 도입함으로써 과거 데이터 패턴을 기반으로 미래 실적을 예측하고, 다양한 시나리오 하에서의 재무 상황을 시뮬레이션할 수 있게 되었다.

이 '데이터룸'은 단순한 분석 도구를 넘어, 의사결정의 중심 허브로 기능한다. 이는 투자자나 내부 의사결정자들이 기업의 가치를 정량적으로 해석할 수 있게 만든다. 이전에는 재무팀 직원의 '경험'과 '직관'에 크게 의존했던 영역이 이제는 데이터와 알고리즘의 영역으로 전환되고 있다. 예를 들어, 특정 기업의 재무적 가치를 추론하거나, 회사의 업역과 피봇팅이 전체 매출에 미칠 영향을 시뮬레이션하는 작업이 몇 분 만에 이루어진다.

과거의 재무팀은 숫자를 정리하고 보고서를 작성하는 부서였다. 그러나 AX 조직에서는 이 역할이 완전히 재정의된다. 이제 재무팀은 전사의 전략 실현 가능성을 판단하고, 각 조직 단위의 성과를 예측·경고·제어하는 컨트롤 타워가 된다.

이 역할을 하기 위해 필요한 것이 바로 AI 기반 실적 AOP 관리 시스템이었다. 기존엔 사내 하부조직인 각 본부별로 연초에 수립한 AOP(Annual Operating Plan)는 매월 수기로 비교되고, 실적은 마감 이후에야 취합되곤

했다. 이 방식은 느렸고, 무엇보다 '선제적 대응'이 불가능했기 때문에 회사는 자동화와 예측 기반의 시스템을 도입하기로 했다. AI 기반 실적 관리 시스템은 세 가지 핵심 기능을 중심으로 설계됐다.

첫째, 실시간 실적 집계다. 계약서, 수금 현황, 매출 인식, 인력 투입 시간 등 모든 데이터를 자동으로 수집하고, 이를 조직별·고객사별·캠페인별로 구분해서 대시보드에 시각화했다. 과거에는 CFO가 월말까지 기다려야 알 수 있었던 매출 누계가, 이제는 팀장이 월중에도 본인의 포트폴리오를 체크하며 리스크에 대응할 수 있게 됐다.

둘째, AOP 대비 오차 분석이다. AI는 과거 데이터와 현재 진행 데이터를 기반으로 '예상치'를 계산한다. 예를 들어, 특정 캠페인이 예상보다 수주 확률이 낮아졌거나, 협력사 단가가 오르면서 원가율이 악화될 조짐이 보이면 AI가 이를 감지해 "본부 A의 6월 영업이익률이 목표 대비 -12% 이탈할 수 있음"이라는 경고를 띄운다. 이제는 지나간 실적이 아니라, 다가올 실적을 보고 판단하는 문화가 만들어지고 있다.

셋째, 성과의 원인 분석 및 추천 조치다. AI는 단순히 데이터를 보여주는 것을 넘어서 "어디서 손실이 발생했는가", "어떤 액션이 필요한가"를 제안한다. 예를 들어, 수익성이 낮은 프로젝트군에 특정 인력이 반복적으로 과다 투입되었다면 AI는 "해당 인력군의 재배치"를 제안하거나 "이 프로젝트는 향후 3개월 수익기여도가 낮음 → 중단 고려"라는 의사결정 시나리오를 출력한다. 데이터 기반 의사결정(Data-driven Decision Making)이란 말이, 슬로건

이 아니라 실제 문화가 된 것이다.

반드시 자체적으로 LLM을 직접 개발하거나 어려운 방법론을 차용하지 않아도 가능하게 하였다. 우선, 조직의 실적 데이터를 정리한다. 프로젝트명, 광고주, 계약금, 원가, 인건비, 담당자 이름, 진척률 같은 항목을 구글시트나 엑셀에 깔끔하게 정리해 놓는다. 여기서 핵심은, GPT가 이해할 수 있도록 정형화된 테이블 구조를 만드는 거다. 이걸 기반으로 GPT에게 질문을 던지면 된다. 예를 들어, "이번 달 캠페인 중 수익률이 30% 이하인 건 뭘까?", "OOO 프로젝트에서 인건비가 많이 든 이유를 분석해줘." 같은 질문을 하면, GPT는 데이터를 분석해서 요약해준다. 수치 계산도 하고, 그래프도 그리고, 코멘트까지 달아준다.

GPT가 '내부 데이터'에 강하다면, Perplexity는 '외부 레퍼런스'에 강하다. 예를 들어, "에이전시에서 실적 기반 P&L 문화를 잘 운영하는 회사는 어디인지", "마케팅 자동화 시스템을 잘 쓰고 있는 글로벌 사례는 무엇인지" 검색해보면 정확한 출처와 함께 요약까지 해준다. 덕분에 회사는 전략 회의 때 "이건 실제 미국의 중소기업인 OOOO도 이렇게 했어요"라는 식의 팩트 기반 토론이 가능해졌다.

여기에 한 걸음 더 나아가려면, Make나 Zapier와 같은 업무 프로세스 자동화 소프트웨어에 AI를 연결하면 된다. 구글시트에 있는 데이터를 기준으로 매주 월요일 오전 9시에 "GPT가 요약한 이번 주 실적 리포트"가 MS팀즈나 구글 노션으로 자동 전송된다. 이건 Zapier나 Make, N8N과 같은 로코드, 혹은 노코드 툴로도 가능하다. 물론, GPT API를 붙여서 개발하면 더 세련된 형태도 만들 수 있다. 이렇게 만들고 나면, 회의가 달라진다.

재무팀만 숫자를 보는 게 아니라, 모든 팀장이 데이터를 직접 본다. 예전엔 타 기획팀에서 "이번 캠페인 느낌 좋았어요"가 주된 피드백이었다면, 이젠 "이번 캠페인은 인건비 ROI가 낮았고, 클릭률이 높아도 전환율이 떨어졌습니다"라는 말이 나온다. 조직이 데이터로 말하기 시작한 거다. 이번 달에 어떤 캠페인을 더 밀어야 할까?", "우리 팀이 수익을 까먹고 있진 않나?" 이런 질문을 AI한테 물어보고, 팀장이 그 답을 기반으로 액션을 정하는 구조, 이게 바로 '실적 중심, 데이터 기반 의사결정'을 문화로 만드는 첫 걸음이다.

정리하자면, 굳이 자체 LLM이 없어도 된다. 데이터는 구글시트로 정리하고, 질문은 GPT한테 던지고, 전략은 Perplexity로 참고하고, 자동화는 노션이나 팀즈로 연결하면 된다. 중요한 건 기술이 아니라, 그 기술을 어떤 질문에 쓰는가다.

요약하면, 이 회사 재무기획실의 AX 시도는 전사의 본부별 P&L 문화를 만들고 구성원 모두가 숫자와 전략을 동시에 이해하게 했다. AX는 재무의 '감'을 없애고, 예측과 정량을 새 언어로 제시하고 있는 셈이다. 이것은 재무팀의 역할 자체를 변화시키고 있다. 이전에는 숫자를 '계산'하는 업무에 많은 시간을 할애했다면, 이제는 숫자가 '의미하는 바'를 해석하고 전략적 시사점을 도출하는 데에 더 많은 시간을 투자할 수 있게 되었다. 재무 부서가 단순한 지원 부서에서 경영진의 전략적 파트너로 발돋움하는 계기가 된 것이다.

인적 자원의 재발견: AI가 만드는 새로운 인사 패러다임

인사 부문은 더욱 흥미롭다. 이 회사의 인사기획실은 벌써 오래 전부터 AI 면접 시스템을 도입해서 활용해 왔다. 복수의 면접자와 실면접을 진행하는데 소요되는 시간과 비용을 줄이는데 일조하였다. 여기에서 더 나아가 면접 스크립트, 채용점수 시뮬레이션, 근속예측모델 등을 통해 '사람을 선발하는 방식' 자체가 자동화되고 있다. 덱스터크레마의 인사팀은 AI를 통해 지원자의 이력서와 포트폴리오를 분석하고, 과거 성공적인 채용 사례와의 유사성을 평가한다. 또한 면접 과정에서 지원자의 응답 패턴, 비언어적 신호, 심지어 목소리 톤의 변화까지 분석하여 조직 적합성을 평가한다.

특히 주목할 만한 것은 '팀 맞춤형 채용' 시스템이다. 팀 리더의 리더십 스타일, 조직문화, 이직률 데이터 등을 기반으로 지원자와의 '문화 적합성'을 AI가 미리 시뮬레이션한다. 예를 들어, 특정팀이 높은 자율성과 창의성을 중시한다면, AI는 이러한 가치에 부합하는 지원자를 식별하는 데 도움을 준다. 채용은 사람이 하지만, 해석은 기계가 먼저 한다. 이는 단순 효율화를 넘어서 '조직의 구성원 선택 철학'을 자동화하는 실험이다.

이러한 접근법은 채용 과정에서의 인적 편향을 줄이고, 더 객관적인 평가 기준을 확립하는 데 기여한다. 실제로 이 시스템 도입 이후, 덱스터크 레마의 신규 직원 1년 내 이직률은 23%에서 14%로 감소했으며, 직원 만족도 조사에서의 '조직 적합성' 점수는 크게 상승했다. 그러나 동시에 이러한 시스템이 다양성을 저해할 가능성에 대한 우려도 제기되었다. 이에 인사팀은 AI 시스템에 '다양성 가중치'를 도입하여, 단순한 적합성을 넘어 조직의 다양성을 증진하는 방향으로 시스템을 조정할 예정이다.

요즘처럼 좋은 인재를 뽑는 일이 점점 어려워지는 환경에서, '어떻게 더 많은 지원자를 모을 것인가'보다 더 중요한 질문은 '우리 팀에 진짜 잘 맞는 사람을 어떻게 구별할 것인가'이다. GPT 같은 생성형 AI를 활용하면, 이 질문에 꽤 구체적인 해답을 줄 수 있다. 단순히 채용 프로세스를 자동화하는 게 아니라 조직의 인재 선발 철학을 실행 가능한 구조로 만드는 것, 이게 회사가 말하는 채용의 AI 혁신이다.

가장 먼저 도입한 것은 JD(직무기술서)이다. 지금까지 대부분의 JD는 포맷 복붙이나, 인사담당자가 적당히 추측해서 작성한 경우가 많았다. 하지만 GPT를 활용하면 팀 리더의 성향, 조직의 문화, 해당 직무의 핵심 과업 등을 기반으로 훨씬 더 정밀한 JD를 만들 수 있다. 예를 들어, "자율성과 창의성이 강조되는 콘텐츠 마케팅팀에 맞는 3년차 AE Job Description을 만들어줘"라고 GPT에 요청하면 실제 업무상 필요한 태도와 행동 패턴까지 반영된 JD 초안이 나온다.

그 다음은 지원자 분석이다. GPT는 이력서나 자기소개서를 단순히 '정리'하는 게 아니라 지원자의 커리어 패턴, 문제 해결 방식, 커뮤니케이션 태도를 읽어낸다. "이 지원자는 반복된 이직 경로보다는 하나의 회사에서 점진적으로 성장한 타입"이라든지, "협업 경험보다 혼자 성과 낸 사례가 많음 → 팀 기반 조직에선 적응이 필요할 수 있음" 같은 인사이트를 주는 방식이다.

그동안은 면접관의 눈썰미에 맡겼던 영역을 이제 AI가 정량적 언어로 먼저 해석하는 것이다.

이 중 백미는 문화 적합성 시뮬레이션이다. 팀별 리더 및 차상급자, 그리고 팀원들의 스타일, 과거 이직률, 내부 피드백 데이터를 기반으로 AI가 팀의 '조직 DNA'를 추출해낸다. 그리고 그 데이터에 비춰볼 때, 이 지원자가 해당 팀에 얼마나 잘 녹아들 수 있을지를 예측한다. 즉, 단순히 잘난 사람을 뽑는 게 아니라 함께 오래 갈 수 있는 사람을 뽑는 방식이다. 채용의 성공은 입사 후 6개월 뒤를 예측하는 것이라는 철학이 반영된 시도다.

실제 면접에서도 AI는 도움을 줄 수 있다. GPT는 사전 데이터를 기반으로, 각 지원자에 맞는 질문 리스트를 자동 생성할 수 있다. 예를 들어, "이 지원자는 리더 경험이 적으니 갈등 상황에서의 판단 기준을 집중적으로 물어봐야 함" 같은 식으로 말이다. 이렇게 하면 면접관 간 평가의 편차가 줄고, 질문의 질이 높아진다. 면접이 단순한 '호감도 측정'에서 벗어나 실제 협업 시뮬레이션이 되는 구조가 생기는 것이다.

더 나아가, 채용 이후에도 AI는 일을 계속할 수 있다. 입사 후 1~3개 월 시점에 이 인재가 어떤 지점에서 어려움을 겪을 수 있을지, 어떤 피드백이 필요할지를 예측해주는 것이다. "이 인재는 자기주도성이 강하나 초기 커뮤니케이션에서 혼선을 겪을 수 있음 → 첫 2주간은 업무 브리핑을 구조화해서 제공하라" 같은 리포트를 팀장에게 보내줄 수 있다.

이것이 가능한 것은 이 회사가 인적 데이터 (HR data)를 수년간 꾸준히 축적하는데 게을리 하지 않았기 때문이다. 전사적으로 매년 평가 시즌이 되면 동료들의 피드백에 의거한 정량적, 정성적 평가데이터를 체계적으로 정리해 왔다. 그리고, 전사 직원들의 인사정보 데이터를 꾸준히 업데이트했다. 이로 인해, AI에 학습시킬 수 있는 양질의 데이터를 확보했기에 가능한 일이었다.

이 모든 시스템을 관통하는 하나의 철학이 있다. "채용은 조직문화 설계의 연장선이다." GPT와 같은 AI는 그 철학을 '사람의 감'이 아니라 데이터와 일관성으로 실행해주는 도구일 뿐이다. 기술이 채용의 본질을 대체하지는 않는다. 하지만 채용의 질을 훨씬 더 높이 끌어올릴 수는 있다. 결국 중요한 건 GPT를 어떻게 쓰느냐보다, 어떤 질문을 하느냐이다. "우리는 어떤 사람을 뽑고 싶은가?"라는 질문에 답할 수 있는 조직이라면, GPT는 그 답을 가장 구체적으로 실행해주는 파트너가 될 수 있다.

홍보, 총무, 법무

중소기업의 인사 부서는 단순히 채용과 인사관리만을 담당하지 않는다. 오히려 법무, 총무, 홍보, 구매, 결제, 품의 등 다양한 분야의 업무를 함께 수행하는 만능형 부서로서의 역할을 수행하는 경우가 많다. 이러한 현실은 대기업과 확연히 다른 중소기업만의 특수한 운영 환경에서 비롯된다. 대기업이 각 기능별로 전문화된 부서를 두고 깊이 있는 업무 처리를 할 수 있는 반면, 중소기업은 제한된 인력과 자원으로 여러 영역을 아우르는 통합적 접근이 불가피하다. 인사 담당자들은 본연의 인적자원 관리 뿐만 아니라 기업 운영에 필요한 거의 모든 행정적 업무를 짊어지게 되는 것이다.

이는 한정된 인력으로 광범위한 행정과 전략을 동시에 수행해야 한다는 뜻이며, 자연스럽게 업무 과중과 비효율이 발생할 수밖에 없다. 이러한 과부하는 단순히 업무량의 문제를 넘어 전문성 부족, 의사결정 지연, 직원 소진(burnout) 등 다양한 조직적 문제로 이어질 수 있다. 바로 이 지점에서 AX의 도입은 이러한 구조적 한계를 극복하고, 부서 전체의 역량을 한 단계 끌어올릴 수 있는 강력한 해법이 된다. AX는 인공지능을 기반으로 반복적이고 정형화된 업무를 자동화할 뿐만 아니라, 데이터 기반의 의사결정을 지원함으로써 인사 부서의 전략적 가치를 증대시킨다.

법무 관련 업무 역시 AX의 효과가 크게 나타나는 영역이다. 중소기업은 전문 법무팀을 별도로 두지 못하는 경우가 많아, 인사 담당자가 계약서 초안 작성이나 법률 검토를 겸하는 일이 흔하다. 이러한 상황에서 법적 전문성이 부족한 담당자들은 계약서 검토나 법률 자문에 상당한 시간을 소요하면서도 법적 리스크에 노출될 가능성이 크다. 특히 노동법, 개인정보보호법 등 인사 관련 법규가 지속적으로 변화하는 환경에서 이를 모두 파악하고 대응하는 것은 큰 도전이 된다. AX는 축적된 법률 문서 데이터를 기반으로 표준화된 계약서 양식을 생성해주고, 주요 조항의 법적 리스크를 자동으로 탐지하여 하이라이팅 해준다. 또한 사내 규정 개정 시, 관련 법령의 변화와 비교 분석을 통해 반영해야 할 사항을 추천해줌으로써 실수나 누락을 줄이고 업무 신뢰도를 높여준다. 더 나아가 AX는 법적 이슈에 대한 선제적 알림 기능을 통해 법규 위반 위험을 사전에 예방하고, 담당자가 복잡한 법률 용어와 조항을 쉽게 이해할 수 있도록 평이한 언어로 해석해주는 역할까지 수행한다. 이는 법무 전문가가 아닌 인사 담당자도 일정 수준의 법적 안정성을 확보하며 업무를 수행할 수 있게 해준다.

총무성 업무에서도 AX는 강력한 조력자가 된다. 회사 운영에 필요한 각종 물품의 구매 요청, 결제 프로세스, 품의서 작성과 승인 절차는 전통적으로 복잡한 행정 프로세스와 많은 문서 작업을 수반한다. 이러한 업무들은 단순 반복적인 성격이 강하지만, 동시에 정확성과 일관성이 요구되어 담당자의 세심한 주의가 필요하다. 게다가 예산 관리, 비용 절감, 자산 관리 등 재무적 영향력이 큰 의사결정까지 총무 담당자의 영역에 포함되는 경우가 많다.

AX는 구매 요청 단계에서 품목별 예산 내역과 기존 구매 이력을 분석하여 최적의 공급업체와 구매 시점을 자동으로 추천하거나, 승인자가 자주 물어보는 질문에 답하는 식의 인터랙티브한 커뮤니케이션을 구현할 수 있다. 또한 결재 품의서를 자동으로 문서화해주는 기능을 통해, 형식 오류나 항목 누락 없이 효율적인 보고 체계를 구축할 수 있다.

더불어 시설 관리, 사무용품 재고 관리, 회의실 예약 시스템 등 다양한 사내 행정 업무도 AX 기반으로 통합하여 관리함으로써, 담당자의 시간과 노력을 절약하고 사용자 경험을 크게 개선할 수 있다. 이런 변화는 단순한 업무 자동화를 넘어 조직 전체의 운영 효율성을 제고하는 결과로 이어진다.

홍보 업무 또한 AX의 적용 범위에 포함된다. 중소기업에서의 홍보는 마케팅 담당자가 없을 경우 인사 또는 총무 담당자가 수행하기도 한다. 전문성이 요구되는 브랜드 관리와 커뮤니케이션 전략을 비전문가가 담당하게 되면서 일관된 메시지 전달과 효과적인 홍보 활동에 어려움을 겪는 경우가 많다. 특히 디지털 마케팅의 중요성이 커지는 현대 비즈니스 환경에서 소셜 미디어 관리, 콘텐츠 제작, SEO 최적화 등 다양한 채널과 기법을 이해하고 활용하는 것은 상당한 도전이 된다.

이럴 때 AX는 외부 보도자료의 초안 작성, SNS 게시물의 카피라이팅, 사내 공지문 작성 등을 자동화해준다. 과거의 데이터를 분석하여 어떤 표현이 효과적인지, 어떤 키워드가 검색 유입에 유리한지까지 추천해주기 때문에, 비전문가도 일정 수준 이상의 콘텐츠를 빠르게 제작할 수 있게 된다. 또한 AX는 시장 트렌드와 경쟁사 동향을 실시간으로 모니터링하여 홍보 전략 수립에 필요한 인사이트를 제공하고, 홍보 활동의 성과를 다양한 지표로 측정하여 데이터 기반의 의사결정을 지원한다. 이는 기업의 브랜드 이미지 제고와 커뮤니케이션 강화를 동시에 실현하는 기반이 된다. 무엇보다 AX를 통해 홍보 담당자는 반복적인 콘텐츠 생성보다 창의적인 캠페인 기획과 전략적 커뮤니케이션에 더 많은 에너지를 집중할 수 있게 된다.

결국 AX의 도입은 중소기업 인사 부서가 단순한 지원 조직을 넘어, 전략적 사고와 민첩한 실행력을 갖춘 조직으로 진화할 수 있는 촉매제다. 일상적이고 반복적인 행정 업무에 소요되는 시간과 자원을 대폭 절감함으로써, 인사 담당자들은 조직 문화 구축, 인재 개발, 변화 관리 등 보다 고부가가치 업무에 집중할 수 있게 된다. 또한 AX는 방대한 데이터를 수집하고 분석하여 인사 의사결정에 필요한 통찰력을 제공함으로써, 감에 의존하던 의사결정 방식에서 벗어나 객관적이고 예측 가능한 인사 관리 체계를 구축 할 수 있게 한다.

AX는, 반드시 사람이 해야 할 관계 기반의 창의적 업무에 더 많은 시간을 투자할 수 있는 여유를 만들고 데이터 기반의 의사결정 체계를 구축할 수 있도록 돕는다. 한마디로, AX는 제한된 자원 속에서도 최대의 조직 효율을 달성할 수 있도록 설계된 '스마트 동반자'이며 앞으로의 인사 부서가 나아가야 할 방향을 선명하게 제시해준다. 이는 단순한 기술 도입을 넘어 조직의 근본적인 운영 방식과 인사 철학의 변화를 의미하는 동시에 궁극적으로 중소기업이 제한된 자원 속에서도 대기업과 경쟁할 수 있는 민첩성과 효율성을 확보하는 핵심 전략이 된다.

기획/제작/운영 : 캠페인 관리의 혁신

광고 캠페인 부문에서는 AI가 업무 과정 전반에 깊숙이 통합되고 있다. 덱스터크레마는 'AI 마케팅 자동화 시스템'이라는 독자적인 프레임워크를 구축했다. 이 시스템은 광고 캠페인의 초기 아이디어 생성부터 최종 집행까지 전체 콘텐츠 제작 워크플로우를 AI로 보강하는 일종의 agentic AI workflow이다.

본업에서 이 과업은 고객사로부터 긍정적인 피드백을 받았지만, 실제 운영에 있어서 과도한 전문 인력의 투입으로 인한 원가가 걸림돌이었다. 높은 원가는 높은 서비스 용역비용으로 전가되고, 이로 인해 회사는 차별성 있는 좋은 서비스 상품을 가지고도 매출을 획기적으로 제고하는 것에는 한계에 직시하게 되었다. 일반적으로 광고업계가 개인화 마케팅을 자동화하려고 할 때, 아래와 같이 필수적으로 마주치는 주요 걸림돌이 존재한다.

첫째, 데이터 수집과 통합의 어려움이다. 개인화의 전제는 고객을 정확히 이해하는 것인데 고객 데이터는 웹, 앱, 오프라인 매장, 콜센터 등 다양한 채널에 흩어져 있다. 이 데이터를 하나로 통합해 일관된 '고객 프로필'을 만들기란 쉽지 않다. 더군다나 최근에는 개인정보 보호법, 쿠키 제한 정책 등이 강화되면서 데이터 수집과 활용에 제약이 많아졌다.

둘째, 콘텐츠 제작의 병목 현상이다. 개인화를 하려면 고객군마다 다른 메시지와 콘텐츠를 만들어야 한다. 예를 들어 10개 고객 세그먼트가 있다면 단 하나의 프로모션이라도 최소 10가지 버전의 이미지, 문구, 랜딩 페이지가 필요하다는 뜻이다. 이 작업을 수작업으로 처리하면 시간이 너무 오래 걸리고, 마케팅 타이밍을 놓치게 된다.

셋째, 타겟팅 정확도의 한계다. 아무리 많은 데이터를 갖고 있어도, 이를 제대로 분석하고 의미있는 타겟팅 전략으로 전환하지 못하면 무용지물이다. 특히 AI나 알고리즘이 아직 충분히 학습되지 않았거나, 실제 행동 데이터보다는 추정 데이터(예: 나이, 지역 등)만 사용할 경우 고객은 '나를 위한 마케팅'이 아닌 '나를 흉내 낸 마케팅'으로 받아들일 수 있다.

넷째, 실행 자동화의 기술 장벽이다. 광고 콘텐츠를 자동으로 생성하는 것만으로는 충분하지 않다. 이를 실제 광고 플랫폼에 연동하고, 예산을 분배하며, 결과 데이터를 분석하고 최적화하는 일련의 프로세스까지 자동화 되어야 한다. 하지만 이러한 기능은 대부분의 중소형 기업에게는 너무 비싸고 복잡하게 느껴질 수 있다

결국, 개인화 마케팅 자동화를 성공적으로 구현하기 위해서는 데이터 → 분석 → 콘텐츠 → 집행 → 피드백 전 과정을 유기적으로 연결하는 통합 솔루션이 필요하다. 덱스터크레마가 독자 개발한 광고자동화, 즉 AAA(AI Automation Agency) 솔루션이 이 분야에서 주목받는 이유도 바로 여기에 있다. 회사는 이 솔루션 개발을 통해 기존에 페인포인트로 여겨졌던 인력 투입량과 원가 구조를 해결하고자 하였다.

이 회사가 개발한 '애드플로러(Adplorer)'는 사람의 판단력과 AI의 연산력을 결합하여 마케팅 전 과정에 걸쳐 자동화된 실행을 제공한다. 핵심적인 구동 방식은 고객의 검색 여정을 기반으로 하는 CDJ(Consumer Decision Journey) 분석에서 출발한다. 고객이 처음 브랜드를 인식하고 구매에 이르기까지 사용하는 키워드를 수집하고 이를 단계별로 분석함으로써, 마케팅 전략의 방향성과 콘텐츠 메시지의 초점을 명확히 한다. 이러한 CDJ 기반 분석은 기존의 단편적인 키워드 리서치와는 달리, 고객 중심의 시각을 AI가 이해하고 전략화 할 수 있는 기반을 제공한다.

Adplorer의 두 번째 핵심 기능은 키워드 분석과 페르소나 정의를 연결하는 구조다. AI는 CDJ에 따라 분류된 키워드를 메인 키워드, 니치 키워드, 시즈널 키워드 등으로 세분화한 뒤, 이를 바탕으로 타겟 고객의 니즈와 관심사를 정교하게 반영한 페르소나를 자동으로 생성한다. 이 페르소나는 콘텐츠 스타일 결정이나 광고 타겟팅에 있어 일관성과 맞춤형 전략 수립의 기준점으로 작용한다. 이는 인간 마케터가 수행하던 복잡한 인지 작업을 기계가 대리해줌으로써 전략 수립에 필요한 시간과 비용을 비약적으로 단축시킨다.

콘텐츠 생성 단계에서는 앞서 분석된 키워드, 페르소나, 검색결과 페이지(SERP), 고객 VOC 데이터를 종합적으로 반영한다. AI는 전환 가능성이 높은 메시지를 중심으로 블로그 아티클, 배너 카피, SNS 콘텐츠 등 다양한 유형의 콘텐츠를 자동으로 생성하며 이미지 생성 기능까지 통합되어 광고 운영에 즉시 활용 가능한 수준의 결과물을 제공한다. 이는 단순한 콘텐츠 자동화가 아닌, CDJ 기반의 전략적 콘텐츠 생성이라는 점에서 큰 의의를 가진다.

Adplorer의 구동 방식은 또한 반복 최적화를 위한 피드백 루프 구조를 포함하고 있다. 고객 리뷰와 피드백 데이터를 실시간으로 분석하고 이를 다시 키워드 및 콘텐츠 전략에 반영함으로써, 시스템은 점점 더 정교한 방향으로 스스로를 진화시킨다. 이는 마케터가 수동적으로 데이터를 수집하고 분석하던 기존 방식과는 본질적으로 다른 방식이며, 결과적으로 전략 실행의 정확성과 효율을 높이는 것에 기여한다.

지식데이터 관리: 집단 지성의 디지털화

덱스터크레마의 내부 지식 공유 문화는 단순히 문서를 저장하는 수준을 넘어서, 실전에 바로 적용할 수 있는 실용 중심의 학습 문화로 정립되어 있다. 회사의 조직은 담당 고객사 중심의 프로젝트 유닛 구조를 기반으로 움직이기 때문에, 각 개인이 광고주와 직접 부딪히며 업무를 이끌게 된다. 이런 구조는 자칫 지식이 개인화되기 쉬우나, 회사는 그걸 방치하지 않는다. 지식은 '나 혼자만 잘하는' 도구가 아니라, '팀 전체가 성장하는' 연료로 보는 문화가 정착되어 있다.

첫째, 성공은 선배의 실패와 학습으로부터 나온다는 전제가 있다. 그래서 단순한 인수인계나 매뉴얼이 아니라, 왜 그런 선택을 했는지, 어떤 시도가 실패했고 어디서 피봇했는지를 문서로 남기고 회의에서 나누는 문화가 자리 잡혀 있다. 특히 경쟁 PT나 클라이언트 컴플레인 같은 고강도 프로젝트 이후에는 반드시 브리핑과 회고 미팅을 거쳐, 팀원 간 learn & share를 실행하고 있다.

둘째, 공식적인 교육보다는 실무 중심의 페어링과 멘토링을 통해 암묵지를 전수하는 것을 더 중요하게 여긴다. 자발적인 관심사가 생기면 그때마다 스터디를 만들고, 디지털 솔루션이나 AI 트렌드에 관한 실험은 별도의 리서치 타임을 부여해 진행한다.

셋째, 사내 문화를 보면, 포지션/연차 무관하게 의견을 낼 수 있도록 설계되어 있다. 누구든 반대할 수 있고, 논리로 증명하면 채택된다. 그런 의미에서 지식 공유는 일방향 교육이 아닌 논쟁과 피드백을 통한 집단 창의의 과정이라 할 수 있다. 특히, 프로젝트를 마치고 회고하는 내용을 전사에 배포하는 '제안서 공유 및 전략서 공유' 세션은 전직원이 자신의 업적을 전사인원에게 어필할 수 있는 공식적인 기회를 제공함으로써 노하우를 공유하고 학습하는 분위기를 고취하고 있다.

결론적으로, 덱스터크레마의 지식 공유는 매뉴얼을 나누는 게 아니라 경험을 설계하고 실패를 재산으로 만드는 시스템이다. 그런 의미에서 "알고 있냐" 보다 "적용해 봤냐"가 더 중요한 조직이기도 하다.

이러한 특유의 기업 내 문화에 바탕하여 이 회사는 AX 관점에서 혁신적인 프로세스를 기획하고 있다. 'AI 증강 지식 생태계'를 구축하여 조직 내 분산된 지식과 노하우를 체계화하고 활용 가능한 자산으로 전환하려고 한다. 계획의 핵심은 '다이나믹 지식 그래프'로, 프로젝트 산출물, 회의록, 이메일, 내부 메신저 대화, 심지어 음성 미팅 기록까지 모든 형태의 내부 커뮤니케이션을 분석하여 지식 항목 간의 관계를 매핑하는 것이다. 사용자가 질문을 입력하면, AI는 이 지식 그래프를 탐색하여 가장 관련성 높은 정보를 찾아내고, 단순히 문서를 전달하는 것이 아니라 맥락화 된 답변을 생성한다. 예를 들어, "지난 가전 제품 광고 프로젝트에서 사용한 성공적인 데이터 시각화 방법은?"이라는 질문에 시스템은 관련 프로젝트 사례, 사용된 기법, 광고주의 피드백, 그리고 팀의 내부 평가까지 종합적으로 제시하게 하는 것이 목표다.

특히 '지식 소유자 매핑' 기능은 특정 주제나 역량에 관한 조직 내 전문가를 자동으로 식별하여, 직원들이 필요할 때 적절한 동료에게 연결될 수 있도록 할 수 있다. 이는 공식적인 조직도나 직함을 넘어, 실제 업무 경험과 전문성에 기반한 '암묵적 지식 네트워크'를 가시화한다. '자동 지식 갭 감지' 시스템은 정기적으로 지식 베이스를 스캔하여 부족한 영역이나 업데이트가 필요한 정보를 식별한다. 이는 조직의 지식 자산이 최신 상태로 유지되도록 보장하며, 전략적 학습 우선순위를 설정하는 데 도움을 준다.

R&D/혁신 관리: 미래를 향한 준비

현대 기업 환경에서 정부 및 공공기관이 발주하는 R&D 과제는 기업의 성장과 기술 혁신을 위한 중요한 재원이자 기회이다. 그러나 이러한 과제 응모 과정은 복잡하고 많은 시간과 인력 자원을 소모하는 작업이다. 특히 제안서 작성, 기술명세 정리, 개발계획 수립 등에는 사내의 다양한 부서와 전문가들의 협업이 필요하며, 이 과정에서 귀중한 인적 자원이 비효율적으로 사용되는 경우가 많다.

회사가 구축하고자하는 시스템의 핵심 목적은 사내에 축적된 모든 기술 문서, 이전에 제출했던 제안서, 연구 보고서, 기술 사양서 등을 인공지능이 철저히 학습하고, 이를 바탕으로 새롭게 공고되는 정부 R&D 지원 과제에 맞춤형으로 제안서와 개발계획서, 기술설명서 등을 자동으로 생성하거나 작성을 보조할 수 있는 지능형 프레임워크를 구축하는 것이다.

이러한 시스템은 단순히 문서 작성 시간을 줄이는 것을 넘어, 기업의 기술 역량을 정확히 반영하고, 과거의 성공 및 실패 사례로부터 학습하여 더욱 경쟁력 있는 제안서를 작성할 수 있도록 지원한다. 또한 과제 발굴부터 제안, 수행, 평가까지 전 주기적 관점에서 R&D 활동을 최적화하는 전략적 도구로 활용할 수 있다.

R&D 자동화 프레임워크의 첫 단계이자 가장 핵심적인 기반은 양질의 학습 데이터베이스를 구축하는 것이다. 이를 위해 우리는 사내에 존재하는 모든 기술 문서들을 체계적으로 수집하고 분류해야 한다. 구체적으로는 기업 내 백서, 기술 사양서, 연구 보고서, 이전에 제출했던 제안서, 학술 논문, 특허 문서, 내부 연구노트, 기술 로드맵 등 R&D와 관련된 모든 문서 자산을 디지털화하고 중앙 저장소에 통합해야 한다. 특히 이전에 정부과제에 제출했던 제안서와 그에 대한 평가 결과, 피드백 내용은 매우 중요한 학습 자료가 될 것이다.

이렇게 수집된 문서들은 단순히 저장하는 것에 그치지 않고, 산업 분야별, 기술 수준별, 적용 분야별로 체계적인 메타데이터를 부여하고 키워드 태깅 작업을 통해 검색과 분석이 용이하도록 해야 한다. 예를 들어 '빅데이터 분석', '클라우드 컴퓨팅', '인공지능', '사물인터넷' 등의 기술 카테고리와 함께 '중소벤처부', 'NIPA', '과학기술정보통신부' 등의 발주처 정보도 함께 태깅하면 효율적인 매칭이 가능하다.

또한 문서의 품질과 성과에 대한 평가 정보도 함께 저장하여, 높은 평가를 받은 제안서의 패턴을 AI가 학습할 수 있도록 해야 한다. 이를 통해 단순한 문서 저장소가 아닌, 지식과 경험이 축적되는 지능형 데이터베이스로 발전시킬 수 있다.

수집된 사내 기술 문서들을 바탕으로, 우리 기업의 기술 언어와 전문성을 깊이 이해하는 특화된 AI 언어모델을 구축해야 한다. 기존의 범용 AI 모델(예: GPT 계열)을 기반으로 하되 우리 기업만의 고유한 기술 용어, 작성 스타일, 제안서 구조 등을 철저히 학습시킨다. 특히 정부 부처별, 기관별 상이한 제안서 양식과 평가 기준, 선호하는 표현 방식 등을 학습시켜 'NIPA SW융합형', '중소벤처부 과제형', '산업자원통상부 R&D 과제형' 등 발주처별 특화된 모델을 구축할 수 있다. 이를 통해 각 기관의 특성과 요구 사항에 최적화된 제안서를 자동으로 생성할 수 있게 된다.

또한 기술 트렌드와 정책 방향성에 대한 학습도 필요하다. 예를 들어 최근의 디지털 전환, 그린 뉴딜, 데이터 경제 등 정부의 주요 정책 키워드와 연계된 제안서 작성 패턴을 분석하고 학습함으로써 정책 방향성에 부합하는 제안 내용을 생성할 수 있다.

효율적인 R&D 과제 대응을 위해서는 공공입찰 사이트에 게시되는 수많은 과제 공고 중에서 우리 기업의 역량과 부합하는 과제를 신속하게 식별하는 것이 중요하다. 이를 위해 나라장터 등 주요 공공입찰 사이트를 실시간으로 모니터링하고 새로운 과제 공고를 자동으로 수집하는 시스템을 구축할 계획이다.

수집된 공고문은 AI를 통해 심층 분석되어 핵심 요구사항, 필요 기술,

예산 규모, 기간, 참여조건 등을 자동으로 추출하고 요약한다. 이렇게 정리된 요구사항은 사내 보유 기술 데이터베이스와 자동으로 비교 분석되어 매칭 점수를 산출한다. 예를 들어, '클라우드 기반 빅데이터 분석 플랫폼' 과제가 공고되었을 때 우리 기업의 클라우드 기술력, 빅데이터 분석 경험, 유사 플랫폼 구축 사례 등을 종합적으로 평가하여 매칭 적합도를 계산한다.

이 과정에서 단순한 키워드 매칭을 넘어 과제의 잠재적 가치, 성공 가능성, 전략적 중요도 등을 종합적으로 평가하는 지능형 평가 알고리즘을 적용한다. 높은 점수를 획득한 과제는 자동으로 담당 부서에 통지되고, 관련 기술 자료와 함께 제안서 초안 작성 프로세스가 시작된다.

또한 과거에 유사한 과제에 지원한 이력이 있다면, 그 결과와 피드백을 함께 제공하여 과제 응모 여부 결정에 도움을 준다. 예를 들어, "2년 전 유사 과제 응모 시 기술 검증 부족으로 탈락" 등의 정보를 제공함으로써 이번 응모에서는 해당 부분을 보완할 수 있도록 안내한다.

선정된 과제 공고문을 시스템에 입력하면, AI는 공고문을 분석하여 요구사항과 평가 기준을 파악하고, 이에 최적화된 제안서 초안을 자동으로 생성한다. 이 과정에서 사내 기술 데이터베이스에서 관련 정보를 추출하고, 과거 성공적인 제안서의 구조와 표현 방식을 참조하여 고품질의 문서를 작성한다.

아울러 정부 과제 특성상 중요한 성과지표(KPI) 설정, 위험 관리 방안, 기술이전 계획 등 전문적 영역에 대해서도 과거 데이터를 바탕으로 최적의

안을 제시한다. 유사 과제에서 성공적으로 평가받은 KPI 설정 방식이나, 효과적인 위험 관리 전략을 참조하여 제안하는 식이다.

자동 생성된 제안서는 초안일 뿐, 전문가의 검토와 보완을 통해 완성도를 높여야 한다. 이를 위해 문서 버전관리와 협업 기능을 제공하여 여러 부서의 전문가들이 효율적으로 협업할 수 있는 환경을 구축한다. AI는 문서의 이전 버전과 현재 버전을 비교 분석하여 주요 변경 사항을 요약하고, 추가적인 개선 포인트를 제안한다. 예를 들어, "현재 버전에서는 기술의 혁신성에 대한 설명이 부족합니다. 다음과 같은 내용을 추가하는 것이 좋겠습니다."와 같은 구체적인 제안을 제공한다. 또한 AI는 리뷰어 역할을 수행하여 제안서의 품질을 평가하고 개선점을 피드백한다. 이 과정에서 과거 평가 결과 데이터를 활용하여 "이 섹션은 유사 과제에서 낮은 평가를 받았던 부분입니다. 다음과 같은 방향으로 보완하는 것이 좋겠습니다."와 같은 전략적 조언을 제공한다. 협업 기능을 통해 여러 부서의 담당자들이 동시에 문서를 검토하고 수정할 수 있으며 각 섹션별 담당자 지정과 검토 상태 추적, 코멘트 관리 등이 가능하다. 이를 통해 제안서 작성 과정의 투명성을 높이고, 부서 간 협업 효율성을 크게 향상시킬 수 있다.

이러한 방법을 통해 AI 기반 시스템을 통해 수많은 정부 과제 공고 중에서 우리 기업의 역량과 전략 방향에 부합하는 과제를 자동으로 선별하고 우선순위화 할 수 있다. 이는 기존에 R&D 기획 담당자들이 수작업으로 진행하던 과제 스크리닝 프로세스를 획기적으로 단축시킨다. 또한 과제 선정

의사결정에 필요한 핵심 정보(예산, 기간, 기술 요구사항, 경쟁사 동향, 성공 가능성 등)를 종합적으로 분석하여 제공함으로써, 보다 전략적인 데이터 기반의 R&D 기획이 가능해진다. 이는 궁극적으로 기업의 R&D 포트폴리오 최적화와 자원 배분 효율화로 이어진다.

특히 전략적 중요도가 높은 과제에 대해서는 조기 발견 및 선제적 준비가 가능해져, 보다 경쟁력 있는 제안서를 준비할 수 있다. 예를 들어, 우리 기업의 핵심 역량과 일치하는 과제가 발표되기 전에도 유사 과제의 패턴을 분석하여 사전 준비할 수 있다.

정부과제 제안서 작성은 일반적으로 수 주에서 수 개월이 소요되는 복잡한 작업이다. AI 기반 자동화 시스템을 통해 이러한 제안서 작성 시간을 70% 이상 단축할 수 있고, 이는 인건비 절감과 함께 다양한 과제에 동시 대응할 수 있는 역량 확보로 이어진다. 구체적으로는 초기 문서 초안 생성에서부터 참고 자료 수집, 기술 스펙 정리, 예산 계획 수립, 추진 일정 작성 등 제안서 작성의 모든 단계에서 AI의 지원을 받아 효율성을 크게 높일 수 있다. 특히 반복적이고 정형화된 작업들은 거의 완전 자동화가 가능하다. 이러한 시간 절감은 단순한 비용 측면을 넘어, 핵심 연구 인력이 창의적이고 혁신적인 R&D 활동에 더 많은 시간을 투자할 수 있게 한다는 점에서 큰 의미가 있다. 또한 제안 마감일에 임박한 갑작스러운 과제 공고에도 신속하게 대응할 수 있는 유연성을 제공한다.

AI는 성공적인 제안서의 패턴과 구조를 학습하여, 일관된 품질의 제안서를 생성할 수 있다. 이는 담당자의 경험이나 역량에 따라 제안서 품질이 달라지는 기존의 문제를 해소할 수 있다. 템플릿화된 접근 방식을 통해 제안서의 구조적 완성도를 높이고, 필수 요소들이 누락되지 않도록 보장한다. 또한 정부 과제 평가 기준에 최적화된 내용 구성과 표현 방식을 적용하여 평가 점수를 높일 수 있다. 특히 여러 부서가 협업하여 작성하는 제안서의 경우, 문체와 용어 사용의 일관성을 유지하기 어려운데, AI 시스템은 이러한 일관성 문제를 효과적으로 해결할 수 있다. 이는 전문성과 신뢰성을 갖춘 고품질 제안서 작성으로 이어져 성공 가능성을 높인다.

제 5장 중소기업 AX의 전략 프레임워크

5. 1. 중소기업이 직면한 AX의 도전과제와 해결방안

인공지능(AI) 기술이 비즈니스 혁신의 핵심 동력으로 부상하면서, 많은 중소기업들도 이 흐름에 동참하고자 한다. 그러나 대기업과 달리 제한된 자원과 전문성을 가진 중소기업들은 AI 도입 과정에서 여러 도전에 직면하게 된다. 이러한 장벽들은 적절한 전략과 접근법을 통해 극복할 수 있다. 중소기업들이 직면하는 주요 도전과제와 그 해결 방안을 살펴보자.

첫 번째 문제 - 자원의 제약

가장 먼저 중소기업들이 마주하는 현실적인 문제는 자원의 제약이다. AI 시스템을 구축하고 운영하기 위해서는 상당한 재정적, 기술적, 인적 자원이 필요한데, 이는 중소기업에게 큰 부담으로 작용할 수 있다. 이러한 자원 제약을 극복하기 위한 효과적인 방법 중 하나는 클라우드 기반 AI 서비스(AIaaS: AI as a Service)를 활용하는 것이다. 이러한 서비스는 초기 투자 비용을 크게 줄이면서도 필요에 따라 확장 가능한 AI 역량을 제공한다. 특히 구글의 Cloud AI, 아마존의 AWS AI 서비스, 마이크로소프트의 Azure AI 등은 사용한 만큼만 비용을 지불하는 방식으로 고급 AI 기능을 제공한다.

또 다른 자원 제약 극복 방안으로는 정부나 산업 협회에서 제공하는 다양한 지원 사업을 활용하는 것이다. 많은 국가에서 중소기업의 디지털 전환을 지원하기 위한 보조금, 세금 혜택, 기술 컨설팅 등을 제공하고 있다. 이러한 지원 제도를 적극적으로 탐색하고 활용함으로써 재정적 부담을 완화할 수 있다. 또한, 모든 영역에 AI를 도입하려 하기보다는 가장 큰 영향을 미칠 수 있는 핵심 영역에 집중하는 접근법을 채택함으로써 제한된 자원을 효율적으로 활용할 수 있다.

앞서 소개했던 사례기업인 덱스터크레마는 AI 마케팅 솔루션을 개발하는 중소기업으로 지금껏 기술력과 인력 부족의 현실적 한계 속에서 고군분투해 왔다. 특히, 고객의 행동 데이터를 기반으로 맞춤형 광고를 생성해주는 고도화된 LLM 파인튜닝 시스템을 on-premise 방식으로 자사 클라우드 서버에 구축하고자 했지만, 이는 내부 역량만으로는 넘기 어려운 산이었다. IT 전문 조직이 부재한 것이 가장 큰 문제였다. 하지만 덱스터크레마는 단념하지 않았다. 오히려 부족함을 전략으로 바꾸며, 정부의 AI R&D 지원체계를 적극 활용하기 시작했다.

그 첫 번째 시도는 정부 부처가 주관하는 국가 AI 전략과제 응모였다. 이 과제는 AI 기술 기반의 사업 확장을 목표로 하는 중소기업을 대상으로 하며, 최대 2년간 총 5~10억원에 달하는 정부 자금지원을 통해 기술개발을 도모한다. 덱스터크레마는 이 과제에 자사의 RAG 기반 마케팅 자동화 시스템 개발을 주제로 응모하였고, 서류와 대면 평가 심사를 거쳐 최종 선정돼 성과를 거두었다. 1년이 넘게 외부 자문 위원을 초빙하여 정부 과제 사업에 대해 배우고, 여러 차례 응모하여 탈락하는 경험을 거치면서 몸으로 체득한 값진 성과였다. 이는 단순한 자금 확보를 넘어, 회사 내부에서 "우리도 직접 AI 사업을 할 수 있다"는 자신감을 심어주는 계기가 되었다.

그러나 정부 지원금만으로는 한계가 있었다. 고급 AI 기술 구현에 필요한 전문 인력과 시스템 설계 노하우는 여전히 부족했기 때문이다. 회사의 본업이 콘텐츠의 기획과 생산이었기 때문에, 기술 개발 인력을 별도의 조직으로 세팅하기에는 넘어야 할 산이 많았다. 무엇보다도 용역을 통해 힘들게 수익을 벌어다 주는 영업부서의 입장에서 볼 때, 당장 영업에 도움이 안 되는 기술개발 조직에의 선 투자를 납득 시키는 것은 쉬운 일이 아니었다.

회사는 이 공백을 메우기 위해 또 다른 전략을 세웠다. 바로 국가 출연 전문기관의 AI 연구 조직과의 협력을 모색한 것이다. 덱스터크레마는 한국과학기술정보연구원 산하의 '초거대 AI연구센터'를 발굴하여 선제적으로 위탁연구를 요청하고, AI 상품의 아이디어를 설명하여 끈질기게 설득한 끝에 기술이전 계약을 맺는 성과를 이뤘다. 단순히 기술을 받아오는 데 그치지 않고, 자사 팀이 연구단과 함께 시스템을 설계하고 직접 적용하며, 회사 내부에 AI 개발 지식을 축적하는 방식으로 프로젝트를 진행하였다.

초거대 AI연구센터는 덱스터크레마에 LLM 구현에 필요한 핵심 기술, 예컨대 벡터 검색 구조 설계, 컨텍스트 압축 기법, 모델 파인튜닝 방법 등을 상세히 이전해주었다. 덱스터크레마는 이를 바탕으로 마이크로소프트 Azure 기반의 자체 클라우드 서버 환경에서 완전한 독립형 RAG 시스템을 구축하게 되었으며, 외부 API에 의존하지 않고도 사용자 데이터에 기반한 고정밀 응답을 생성하는 기술을 축적하게 되었다. 정부 R&D 사업 선정을 통해 받은 지원 혜택에 따라 소프트웨어 기술개발직을 신규 채용하고, 이 조직이 기술 이전과 운영을 함께 수행하게 하였다.

이러한 경험은 덱스터크레마에 단순한 기술적 성과를 넘어, 조직 문화와 전략적 사고방식에 깊은 영향을 남겼다. 무엇보다 중요한 변화는, "기술이 없으면 사오면 된다"는 소극적 접근을 넘어서 "기술을 외부에서 함께 배우고 내재화 하겠다"는 능동적 자세로의 전환이었다. 또한 정부 과제 수주는 단지 예산 확보의 수단이 아니라 자사 전략을 검증하고 사회적 신뢰를 얻는 데에 결정적 역할을 했다.

덱스터크레마는 도메인 특화된 LLM 개발이라는 실물 상품의 개발 성공과 연구 활동 공로를 인정 받아 한국인공지능협회가 주관하는 2025 국제인공지능엑스포에서 과기부 장관상을 수상하는 영예를 안았다. 덱스터크레마의 사례는, 중소기업도 국가 전략 R&D 과제와 공공 연구기관의 전문 역량을 적절히 활용하면 대기업 수준의 AI 기술력을 단계적으로 확보할 수 있음을 보여주는 대표적 예시라 할 수 있다.

두 번째 문제 - 기술적 전문성

두 번째 주요 도전과제는 기술적 전문성의 부족이다. AI 시스템을 설계, 구축, 운영하기 위해서는 데이터 과학, 머신러닝, 소프트웨어 엔지니어링 등 다양한 분야의 전문 지식이 필요하다. 그러나 중소기업은 이러한 전문 인력을 확보하기 어려운 경우가 많다. 이를 극복하기 위한 방안으로는 우선 기존 인력의 AI 역량을 강화하는 것이다. 온라인 교육 플랫폼, 워크숍, 세미나 등을 통해 핵심 인력에게 AI 관련 교육을 제공함으로써 내부 역량을 키울 수 있다.

또한, 최근에는 기술적 배경이 없는 사용자도 쉽게 활용할 수 있는 직관적인 노코드(No-Code) 또는 로코드(Low-Code) AI 도구들이 많이 등장하고 있다. 이러한 도구들은 복잡한 프로그래밍 없이도

드래그&드롭 인터페이스나 간단한 설정만으로 AI 기능을 구현할 수 있게 해준다. 예를 들어, 자연어 처리, 이미지 인식, 예측 분석 등의 기능을 쉽게 구현할 수 있는 플랫폼들이 있다. 이를 통해 전문 개발자가 아니더라도 비즈니스 요구사항을 AI 솔루션으로 구현할 수 있다.

더불어, 외부 전문가 네트워크를 구축하는 것도 효과적인 전략이다. 프리랜서 데이터 과학자, AI 컨설팅 기업, 대학 연구소 등과의 협력을 통해 필요한 전문성을 보완할 수 있다. 특히 특정 프로젝트나 단기적인 과제에 외부 전문가를 활용함으로써, 상근 전문 인력을 고용하는 것보다 비용 효율적으로 전문성을 확보할 수 있다.

다음 장에서 케이스스터디에 소개될 소상공인 '민쌤'은 복잡한 AI 코딩을 배우지 않았다. 대신 그녀는 "내가 고객에게 어떤 가치를 줄 수 있을까?"를 고민했다. '보험 상담'이라는 다소 딱딱한 개념을 '심리 테라피'와 결합시켜, 고객이 편하게 마음을 열고 이야기할 수 있는 공간으로 재구성했다. 이 과정에서 사용된 기술은 ChatGPT, ElevenLabs, HeyGen, CapCut 등 비교적 접근하기 쉬운 상용 AI 툴들이었다.

예전에는 이런 종류의 서비스를 만들려면 기획자, 디자이너, 영상 편집자, 개발자가 필요했다. 하지만 이제는 1인이 AI의 힘을 빌려 모든 것을 할 수 있다. 민쌤은 자신의 목소리를 AI 보이스로 대체했고,

말하기가 서툴 때는 아바타로 대신 설명하게 했다. 영상도 혼자 편집했지만, 편집 툴이 지원하는 AI 자동 기능 덕분에 퀄리티는 손색없었다. AI는, 도구를 아는 사람보다 '메시지가 있는 사람'에게 훨씬 유리한 시대를 열었다.

민쌤 사례가 우리에게 주는 가장 중요한 교훈은 AI는 모두에게 열려 있지만, 그걸 콘텐츠로 바꾸는 기획력은 연습과 의지가 있는 사람만의 것이라는 점이다. 기술을 모르더라도, 누구나 자신의 언어와 방식으로 AI를 활용해 서비스와 브랜드를 만들 수 있다. 이제는 기술에 뒤처질까 두려워할 필요가 없다. 중요한 건 '무엇을 말할 것인가'이지, '어떻게 만들 것인가'가 아니다.

세 번째 문제 - 데이터 부족

세 번째 중요한 도전과제는 데이터 부족 문제이다. AI 모델은 학습을 위해 대량의 고품질 데이터를 필요로 하는데, 중소기업은 종종 이러한 데이터가 부족하거나 체계적으로 관리되지 않는 경우가 많다. 이 문제를 해결하기 위한 방안으로는 우선 사전 학습된(pre-trained) AI 모델을 활용하는 것이다. 이러한 모델들은 이미 대량의 데이터로 학습되어 있어, 상대적으로 적은 양의 데이터로도 특정 비즈니스 맥락에 맞게 미세 조정(fine-tuning) 할 수 있다.

또한, 비즈니스 프로세스의 디지털화를 통해 체계적인 데이터 수집 체계를 구축하는 것이 중요하다. 종이 기반 프로세스를 디지털화하고 다양한 데이터 소스를 통합 관리함으로써 시간이 지남에 따라 유용한 데이터를 축적할 수 있다. 더불어, 정부나 연구기관에서 제공하는 공개 데이터셋, 산업별 벤치마크 데이터 등을 활용하는 것도 데이터 부족 문제를 해결하는 방법이다. 이러한 외부 데이터를 내부 데이터와 결합함으로써 AI 모델의 학습에 필요한 데이터의 양과 다양성을 확보할 수 있다.

다음 장에서 케이스 스터디 사례로 등장할 '아이디자인랩'은 중소규모 제조업체 및 유통사를 대상으로 디자인 자동화 및 마케팅 최적화 서비스를 제공해왔지만, AI 기술 도입 과정에서 고품질 데이터 부족이라는 문제에 직면했다. 특히 고객 맞춤형 디자인 추천이나 마케팅 전략 수립을 위해서는 다양한 제품 정보, 소비자 반응, 트렌드 데이터가 필요했으나, 자체적으로 보유한 데이터는 양과 질 모두 부족했다.

이를 해결하기 위해 아이디자인랩은 먼저 사전 학습된(pre-trained) AI 모델을 활용하는 전략을 채택했다. 기존에 대규모로 학습된 언어 및 이미지 생성 모델을 도입하고 클라이언트별 소규모 데이터를 통해 미세 조정(fine-tuning)을 진행함으로써 최소한의 리소스로 빠르게 성능을 확보할 수 있었다. 또한 전통적으로 오프라인으로 진행되던 디자인 수주 및 피드백 과정을 전면 디지털화하고, 이를 통해 데이터 수집 체계를 구축하였다. 클라이언트 요청, 결과물, 고객 반응 데이터를 실시간으로 축적하면서 내부 데이터의 양과 질을 꾸준히 개선해 나갔다.

더불어 아이디자인랩은 산업 디자인 트렌드, 마케팅 벤치마크, 소비자 통계 등 외부에서 공개된 다양한 데이터를 적극 활용했다. 이를 내부 데이터와 결합하여 AI 모델 학습의 범위를 확장하고, 더 높은 정확도와 활용도를 끌어낼 수 있었다. 수집된 데이터를 자동으로 정제·라벨링하는 데이터 파이프라인도 구축하여, 반복적인 학습이 필요한 AI 운영의 효율성을 크게 높였다.

그 결과, 아이디자인랩은 AI 기반 디자인 제안의 정확도를 47% 향상시키고 고객 맞춤 시안 생성 시간을 60% 이상 단축시켰다. 또한 마케팅 캠페인의 클릭률(CTR)이 약 1.8배 증가했고, 클라이언트의 이탈률은 25% 감소하면서 재계약률이 높아지는 실질적인 성과를 거두었다. 이 사례는 데이터 부족이라는 중소기업의 현실적인 한계를 극복하고 디지털 전환과 외부 자원의 전략적 활용을 통해 AI의 가치를 극대화한 대표적인 성공 모델로 평가받는다.

네 번째 문제 - 조직 문화적 저항

새로운 기술 도입은 종종 직원들의 업무 방식 변화를 요구하게 되는데 이는 불안감과 저항으로 이어질 수 있다. 특히 AI는 자동화로 인한 일자리 상실에 대한 우려를 불러일으킬 수 있다. 이러한 문화적 저항을 극복하기 위해서는 명확한 비전 제시가 필요하다. 경영진은 AI 도입의 목적이 직원을 대체하는 것이 아니라, 반복적이고 단순한 업무를 자동화함으로써 직원들이 더 가치 있고 창의적인 업무에 집중할 수 있게 하는 것임을 명확히 해야 한다.

또한, 초기에 빠르게 성공 사례를 창출하여 AI의 긍정적인 영향을 실증적으로 보여주는 것이 중요하다. 이를 통해 조직 구성원들이 AI의 가치를 체감하고 수용성을 높일 수 있다. 더불어 직원 참여형 AI 도입 프로세스를 운영하는 것도 효과적이다. 직원들을 AI 도입 과정에 참여시키고 그들의 피드백을 반영함으로써 주인의식을 고취하고 저항을 줄일 수 있다. 직원들이 AI를 위협이 아닌 업무를 보조하고 향상시키는 동반자로 인식할 수 있도록 지속적인 소통과 교육이 필요하다.

덱스터 크레마는 조직 내부에 AX를 도입하면서, 단순히 기술을 전파하는 수준을 넘어 전사적인 문화 혁신을 주도한바 있다. 특히 2022년 10월 GPT가 출시되자마자 카피 작성에 이를 즉시 투입하고, 이듬해 1월에는 전 직원 대상 생성형 AI 세미나와 사내 캠페인을 시행하면서 '우리도 한다'라는 리더십 철학을 명확히 제시하였다. 대표이사는 "누구나 AI를 쓸 수 있어야 진짜 혁신이 일어난다"는 신념을 바탕으로 기술에 대한 조직 구성원들의 심리적 거리감을 좁히는 것에 집중했다.

2023년 2월에는 소비자 데이터 키워드 분석에 GPT를 본격적으로 도입하며, 본업에서 AI의 가치를 체감할 수 있도록 실무 중심의 프로젝트를 전개했다. 이후 6월에는 광고 자동화 솔루션 개발에 착수하고, 7월에는 미드저니 기반 영상/이미지제작 워크숍 및 인스타그램에 AI 제작물 포트폴리오 게시를 통해 직원들의 창의성과 시각적 사고를 장려했다. 이러한 활동은 실험과 학습을 장려하는 문화 속에서 자율적 AI 활용이 가능하도록 하는 것에 핵심적인 역할을 했다.

사내에서 생성된 AI 결과물들을 스스럼 없이 전사공유할 수 있도록 대표이사가 먼저 나서서 장벽을 낮췄고, 우수한 결과물에 대해서 모두가 편하게 품평할 수 있는 문화를 만들었다. 제안서와 결과물 공유 제도, 사내 뉴스레터를 이용해 모두가 AI에 관심을 가질 때 회사의 분위기가 좋아진다는 경험을 체득하게 만들었다. 실수와 실패에 관용을 가지고 시도한 것만으로도 관심과 칭찬, 또 격려를 받을 수 있게 한 것이 주효하였다.

다섯 번째 문제 - 보안 및 규제 이슈에 대한 대응

AI 시스템은 종종 민감한 데이터를 처리하는데 이에 따른 보안 위험과 규제 준수 문제가 발생할 수 있다. 특히 중소기업은 제한된 자원으로 인해 이러한 이슈에 적절히 대응하기 어려울 수 있다. 이를 해결하기 위해서는 '프라이버시 바이 디자인(Privacy by Design)' 원칙을 적용하는 것이 중요하다. 이는 시스템 설계 단계부터 개인정보 보호와 보안을 핵심 요소로 고려하는 접근법이다.

또한, 각 산업별 규제 요건에 맞는 AI 거버넌스 체계를 구축해야 한다. 이는 AI 시스템의 개발, 배포, 운영 전반에 걸친 의사결정 체계와 책임 구조를 명확히 하는 것을 포함한다. 중소기업이 모든 규제 이슈를 자체적으로 관리하기 어렵다면, 규제 준수를 보장하는 클라우드 서비스나 SaaS 솔루션을 활용하는 것도 하나의 방법이다. 이러한 서비스들은 보안 및 규제 준수에 필요한 많은 기능을 기본적으로 제공하므로 중소기업의 부담을 줄여줄 수 있다.

결론적으로, 중소기업이 AI 도입 과정에서 직면하는 도전과제들은 분명히 존재하지만 다양한 전략과 접근법을 통해 이를 극복할 수 있다. 자원 제약, 기술적 전문성 부족, 데이터 부족, 조직 문화적 저항, 보안 및 규제 이슈 등은 창의적인 해결책과 체계적인 접근을 통해 관리 가능한 문제들이다. 중소기업은 이러한 도전을 인식하고 적절한 대응 전략을 수립함으로써 제한된 자원 내에서도 AI의 혜택을 최대한 활용할 수 있을 것이다. 중요한 것은 완벽한 솔루션을 추구하기보다는, 현실적인 목표를 설정하고 점진적으로 접근하는 것이다. 작은 성공을 쌓아가며 경험과 자신감을 얻어 궁극적으로는 AI를 통한 비즈니스 혁신을 이룰 수 있을 것이다.

5. 2. 중소기업을 위한 AI 도입 실천 가이드

인공지능(AI) 기술은 더 이상 대기업만의 전유물이 아니다. 다양한 산업 분야의 중소기업들도 AI를 도입하여 경쟁력을 강화하고 있다. 그러나 제한된 자원과 전문성을 가진 중소기업이 AI를 효과적으로 도입하기 위해서는 체계적인 접근이 필요하다. 앞서 살펴본 성공 사례들을 바탕으로, 중소기업이 AI를 도입할 때 참고할 수 있는 실천적 가이드를 제시하고자 한다.

우선 중소기업은 AI 도입에 앞서 자사의 AI 준비도를 정확히 진단해야 한다. 이는 단순히 기술적 인프라를 점검하는 것을 넘어 경영진의 AI에 대한 이해도와 의지, 현재 구축된 디지털 인프라의 수준, 데이터 관리 시스템의 현황 등을 종합적으로 평가하는 과정이다. 이러한 자가 진단은 조직의 현재 위치를 정확히 파악하고 어떤 부분에 투자와 개선이 필요한지를 명확히 하는 것에 도움이 된다. 가령 클라우드 기반 시스템이 없거나 데이터가 분산되어 관리되고 있다면, AI 도입 이전에 이러한 기본 인프라를 구축하는 것이 선행되어야 할 것이다.

두 번째로, 명확한 목표 설정과 단계적 로드맵 수립이 중요하다. 막연히 '우리도 AI를 도입해야 한다'는 생각으로 시작하는 것보다, 구체적으로 AI를 통해 해결하고자 하는 비즈니스 문제나 기회를 명확히 정의하는 것이 효과적이다. 이때 단기, 중기, 장기 목표를 구분하고 각 단계별로 달성 가능한 핵심성과지표(KPI)를 설정하면 좋다. 예컨대 단기적으로는 단순 반복 업무의 자동화, 중기적으로는 데이터 기반 의사결정 체계 구축, 장기적으로는 AI 기반 신규 비즈니스 모델 창출 등의 목표를 설정할 수 있다. 이러한 명확한 목표 설정은 자원이 제한된 중소기업의 투자 대비 효과 극대화에 도움이 된다.

세 번째로, 조직 내 핵심 업무를 분석하고 AI 도입의 우선순위를 설정해야 한다. 모든 프로세스를 한꺼번에 AI화하려는 시도는 비효율적이며 위험하다. 반복적이고 시간 소모적인 업무나 데이터 기반 의사결정이 특히 필요한 영역부터 접근하는 것이 바람직하다. 예를 들어 고객문의 응대, 일정 관리, 재고 예측 등은 AI 도입의 초기 단계에서 상대적으로 빠른 성과를 볼 수 있는 영역이다. 성공적인 파일럿 프로젝트는 조직 내 AI에 대한 신뢰와 수용성을 높이는 데 큰 역할을 한다.

네 번째로, 조직의 상황과 목표에 맞는 적합한 AI 솔루션을 선택하는 것이 중요하다. 시장에는 다양한 AI 솔루션이 존재하지만, 모든 솔루션이 모든 기업에 적합한 것은 아니다. 선택 시에는 기능성뿐만 아니라 확장성, 기존 시스템과의 통합 용이성, 사용자 친화성, 공급업체의 신뢰성 등을 종합적으로 고려해야 한다. 특히 중소기업의 경우, 처음부터 자체 AI 시스템을 개발하기보다는 SaaS(Software as a Service) 형태의 검증된 솔루션을 활용하는 것이 비용과 위험을 줄이는 현명한 접근법일 수 있다.

다섯째, 조직 문화와 인력 역량 강화에 투자해야 한다. AI 도입은 단순한 기술 도입이 아닌 조직 문화의 변화를 수반한다. 직원들이 AI에 대한 두려움이나 저항 없이 새로운 기술을 수용하고 활용할 수 있도록 AI 이해도 향상을 위한 교육 프로그램을 운영하는 것이 필요하다. 또한, 실패를 용인하고 학습의 기회로 삼는 실험 문화를 조성하는 것도 중요하다. 중소기업의 경우 모든 직원을 AI 전문가로 만들 필요는 없지만, 최소한 핵심 인력은 AI의 기본 개념과 활용 방안에 대한 이해를 갖추도록 하는 것이 바람직하다.

여섯째, 체계적인 데이터 전략 수립이 필요하다. AI는 기본적으로 데이터에 기반하므로, 양질의 데이터 확보는 성공적인 AI 도입의 필수 조건이다. 조직은 어떤 유형의 데이터가 필요한지, 그 데이터를 어떻게 수집 저장 처리 분석할 것인지에 대한 전략을 수립해야 한다. 특히 데이터의 품질 관리 방안은 필수적으로 고려해야 할 요소다. 불완전하거나 편향된 데이터는 AI 시스템의 성능을 저하시키고 잘못된 의사결정을 유도할 수 있기 때문이다. 중소기업의 경우, 처음부터 방대한 데이터를 확보하기 어려울 수 있으므로, 점진적으로 데이터를 축적하고 활용하는 전략이 필요하다.

일곱째, 단계적 구현과 명확한 성과 측정이 중요하다. 앞서 언급한 우선순위에 따라 파일럿 프로젝트를 선정하고 실행에 옮기되 각 프로젝트마다 명확한 성과 측정 지표를 설정해야 한다. 이러한 지표는 단순히 기술적 성능 뿐만 아니라 비즈니스 영향(비용 절감, 생산성 향상, 고객 만족도 등)을 포함해야 한다. 객관적인 성과 측정은 다음 단계로의 확장 여부를 결정하는 근거가 되며 투자 대비 효과 입증에도 중요한 역할을 한다. 성공적인 파일럿 프로젝트의 결과는 조직 내 AI 도입에 대한 지지를 요청하기 위한 강력한 증거가 될 수 있다.

마지막으로, 지속 가능한 혁신 체계를 구축해야 한다. AI 기술은 빠르게 발전하고 있으므로 한 번의 도입으로 끝나는 것이 아니라 지속적인 학습과 개선이 필요하다. 최신 AI 기술 트렌드를 모니터링하고, 정기적으로 조직의 AI 역량을 강화하는 프로그램을 운영하는 것이 중요하다. AI 관련 세미나와 워크숍 참여, 외부 전문가와의 협업, 산학 협력 등은 조직의 AI 역량을 지속적으로 발전시킬 수 있다. 중소기업의 경우, 모든 것을 자체적으로 해결하려 하기보다는 외부 전문가나 기관과의 협력을 통해 부족한 역량을 보완하는 전략이 효과적이다.

이상의 실천 가이드는 중소기업이 AI를 도입하는 과정에서 참고할 수 있는 일반적인 프레임워크다. 각 기업의 상황과 목표에 맞게 유연하게 적용하되 체계적이고 단계적인 접근이 성공의 열쇠임을 명심해야 한다. AI 도입은 단기간에 완성되는 프로젝트가 아니라 지속적인 여정이다. 작은 성공을 쌓아가며 점진적으로 발전해 나가는 것이 중요하다. 이러한 접근법을 통해 제한된 자원을 가진 중소기업도 AI의 혜택을 누리고 디지털 시대의 경쟁에서 우위를 점할 수 있을 것이다.

5. 3. AI 시대의 중소기업 경쟁력 재정의

인공지능(AI) 기술의 급속한 발전과 확산은 비즈니스 환경을 근본적으로 변화시키고 있다. 과거에는 대기업의 규모와 자원이 압도적인 경쟁 우위를 제공했지만, AI 시대에는 이러한 패러다임이 변화하고 있다. 오히려 중소기업들에게는 새로운 기회의 창이 열리고 경쟁력의 원천이 재정의되고 있다. 사례 분석의 마지막 결과로써, AI가 가져온 변화 속에서 중소기업의 경쟁력은 어떻게 재구성되고 있는지 살펴보자.

첫째, 비즈니스 환경이 '규모의 경제'에서 '민첩성의 경제'로 전환되고 있다. 전통적으로 대기업은 대량 생산과 광범위한 유통망을 통해 단위당 비용을 낮추는 규모의 경제를 실현할 수 있었다. 그러나 AI 시대에는 시장 변화에 얼마나 빠르게 적응하고 혁신을 실행할 수 있는지가 더 중요한 경쟁력이 되고 있다. 중소기업은 의사결정 구조가 상대적으로 단순하고 관료제적 장벽이 적어 새로운 기술과 아이디어를 실험하고 적용하는 속도가 빠르다는 장점을 가지고 있다. 대기업이 여러 부서와 계층의 승인을 거쳐야 하는 동안, 중소기업은 더 빠르게 AI 솔루션을 도입하고 비즈니스 모델을 조정할 수 있다. 예를 들어, 중소 리테일 기업은 AI를 활용한 재고 관리나 고객 응대 시스템을 신속하게 도입하여 시장 변화에 대응할 수 있다.

실제 사례로써 '무신사'가 있다. 무신사는 원래 한 개인이 만든 스트리트 패션 커뮤니티에서 출발했다. 처음에는 단순히 패션 정보를 공유하는 공간이었지만, 사용자 중심의 커뮤니티가 점점 커지면서 온라인 셀렉트숍으로 진화했다. 여기까지만 보면 그저 또 하나의 쇼핑몰일 수 있었겠지만, 무신사가 진정으로 눈에 띈 것은 'AI와 데이터 기반의 민첩한 실험과 실행' 덕분이었다.

패션 산업은 전통적으로 규모의 경제에 의존했다. 대기업은 대량 생산, 전국 유통망, 브랜드 파워를 통해 원가를 절감하고 마진을 극대화하는 전략을 구사했다. 하지만 이 방식은 빠르게 변하는 소비자 취향과 시장 흐름에 둔감할 수밖에 없다. 신제품을 출시하거나 전략을 바꾸려면, 여러 부서의 검토와 이사회의 승인을 거쳐야 하고, 공급망 전체를 다시 맞춰야 하기 때문이다.

무신사는 AI와 머신러닝 기술을 활용해 고객의 클릭, 검색, 찜, 장바구니, 구매 이력 등 다양한 데이터를 실시간으로 분석하여 각 고객에게 맞춤형 상품을 추천하며 고객 체류 시간과 구매 전환율을 높이고 있다. AI 추천 시스템은 단순히 과거 구매 이력을 넘어, 실시간 행동 데이터, 시간대, 날씨, 위치, 심지어 감정까지 고려하여 '지금 이 순간 가장 어울리는 옷'을 제안한다.

무신사는 1억 5천만 건 이상의 패션 데이터를 기반으로 추천 시나리오를 50배 이상 고도화했고, 최근에는 더욱 정교한 AI 추천 기능을 도입했으며, 플랫폼에 올라온 고객 반응 데이터를 AI로 분석해 인기 스타일과 브랜드, 수요 예측, 품절 가능성, 지역별 트렌드 변화까지 실시간으로 파악한다. 이를 바탕으로 입점 브랜드와 함께 상품 기획을 수정하거나 마케팅 전략을 신속하게 변경할 수 있다. 실제로 2~3일 만에 신상품 노출 방식이나 추천 알고리즘을 수정하는 등 1주일 만에 소비자 행동에 기반한 기획 제품을 만드는 민첩성을 보여주었다.

또한 무신사는 AI 기반 가격 자동 조정 시스템을 운영해 재고 회전율을 높이고 있다. 8,000개 이상의 입점 브랜드가 골고루 고객에게 노출될 수 있도록 AI 기반 상품 광고 서비스도 도입하였으며, AI 기반 개인화 추천 시스템을 통해 앱 내 추천 상품 구매 전환율을 20% 이상 증가시키고, 앱 사용 시간도 30% 이상 늘리는 등 사용자 만족도와 매출을 크게 높였다. 멀티스토어 개편과 AI 추천 고도화로 구매 전환율이 3배 가까이 증가했다는 사례도 있다.

둘째, 비즈니스의 초점이 '표준화된 서비스'에서 '초개인화'로 이동하고 있다. 과거에는 표준화된 제품과 서비스를 대량으로 생산하는 것이 효율적이었지만, 오늘날 소비자들은 자신의 고유한 요구와 선호에 맞춤화 된 경험을 기대한다. AI는 이러한 초개인화를 가능하게 하는 핵심 기술이다. 중소기업은 상대적으로 적은 수의 고객을 대상으로 하지만 AI를 활용하면 각 고객의 행동 패턴, 선호도, 요구사항을 깊이 이해하고 이에 맞춘 서비스를 제공할 수 있다.

예를 들어, 소규모 온라인 의류 판매점은 AI를 활용하여 고객의 과거 구매 이력, 검색 패턴, 신체 치수 등을 분석해 개인별 맞춤형 제품 추천과 스타일링 서비스를 제공할 수 있다. 이러한 초개인화 전략은 대기업의 표준화된 접근법보다 더 깊은 고객 충성도와 높은 고객 생애 가치를 창출할 수 있다.

에이블리는 2030 여성을 주요 타깃으로 하는 모바일 패션 플랫폼으로, 초기엔 '패션 커머스형 인플루언서 마켓'이라는 새로운 개념으로 시작했으나 현재는 AI 기반 개인화 추천을 중심으로 한 플랫폼으로 진화했다.

이 회사는 고객의 구매 이력, 검색 기록, 장바구니, 선호 브랜드, 스타일 태그, 클릭 패턴 등 25억 개 이상의 데이터를 실시간으로 분석해 단순히 '비슷한 옷을 본 다른 사용자는 이런 것도 봤어요' 식의 추천이 아닌 고객이 실제로 좋아할 만한 옷, 지금 관심 가질 만한 코디, 계절과 날씨에 적합한 스타일까지 제안한다. '마이 스타일'이라는 이름으로 구현된 이 기능은 고객이 앱을 열 때마다 홈 화면에 자신만을 위한 상품 피드를 제공하며, AI 알고리즘이 고객 데이터를 지속적으로 학습하며 최적화한다.

　에이블리는 AI 추천 데이터를 바탕으로 어떤 상품이 어떤 유형의 고객에게 잘 팔리는지를 셀러들에게 제공하는데 이를 통해 셀러는 상품 구성이나 마케팅 전략을 조정할 수 있다. 고객은 더 만족스러운 쇼핑 경험을, 셀러는 더 높은 매출 가능성을 얻는 '양면형 초개인화 플랫폼'이 구현된 것이다. 그 결과로 AI 개인화 추천 시스템은 앱 누적 다운로드 5,000만 회를 돌파하고, 월간 활성 사용자(MAU) 1,000만 명을 기록하는 등 성장의 핵심 동력이 되었고, 실제로 AI 추천 기술이 신규 고객 유입과 기존 고객 락인(Lock-in)을 동시에 이끌며 성과를 견인했다고 밝히고 있다.

　셋째, 인적 자원의 배치와 가치 창출 방식이 변화하고 있다. 중소기업은 대기업에 비해 인적 자원이 제한적이지만, AI는 이러한 제약을 극복하는 데 도움이 된다. AI를 통해 반복적이고 단순한 업무를 자동화함으로써, 귀중한 인적 자원을 보다 창의적이고 전략적인 영역에 집중시킬 수 있게 되었다.

　가령 소규모 회계 사무소는 AI를 활용해 데이터 입력, 기본적인 세금 계산, 일상적인 보고서 작성 등을 자동화하고, 회계사들은 클라이언트에게 더 가치 있는 재무 상담과 전략적 계획 수립에 집중할 수 있다. 이는 중소기업이 제한된 인력으로도 높은 부가가치를 창출할 수 있게 해주며, 직원 만족도와 생산성을 동시에 향상시킬 수 있다.

또한, AI의 도움으로 중소기업은 24시간 고객 서비스를 제공하거나 피크 시즌에도 추가 인력 채용 없이 수요 증가에 대응할 수 있게 되었다. 중소기업이 AI를 도입하게 되면 다음에 나오는 대기업의 사례처럼 고도의 CS 기능을 탑재할 수 있는 길이 열린다.

JPMorgan Chase는 미국 최대의 상업은행 중 하나다. 이 거대 은행이 요즘 힘을 싣고 있는 분야는 단순한 시장 점유율 확대가 아니라, 기존 고객 한 사람 한 사람의 '가치 극대화'다. 그 중심에 바로 AI가 있다.

은행은 고객 데이터를 방대하게 보유하고 있다. 과거 거래 내역, 투자 성향, 소비 패턴, 자산 구성 등이 모두 여기에 포함된다. JPMorgan은 이 데이터를 바탕으로 AI 모델을 통해 고객의 미래 행동을 예측한다. 예를 들어 특정 고객이 최근 주식 거래를 늘리고 있다면, 해당 고객이 곧 ETF 상품에 관심을 가질 가능성이 있다고 판단해 맞춤형 투자 상품을 추천한다.

특히, 이 은행은 고객 상담 창구에 AI를 도입하여 상담원들이 더 정확하고 빠르게 대응할 수 있도록 지원하고 있다. 고객이 문의를 남기면 AI는 그 문의의 의도를 실시간으로 파악하고, 적절한 응대 스크립트나 투자 전략을 제안해 준다. 이를 통해 고객 만족도는 물론, 실제 자산 운용 수익도 증가했다는 보고가 있다.

결국 JPMorgan은 더 이상 고객을 '거래 건수'나 '시장 점유율'

로 보지 않는다. 한 명의 고객이 은행과 얼마나 오래, 얼마나 다양하게, 얼마나 많이 관계를 이어가느냐 즉 '고객 생애 가치(Customer Lifetime Value, CLV)'라는 관점을 전략의 중심에 두기 시작했다.

또 하나의 사례가 있다. Verizon은 미국의 대표적인 통신사로, 매년 수백만 명의 고객이 서비스를 해지하거나 타사로 이탈하는 문제에 직면해왔다. 이를 해결하기 위해 Verizon은 생성형 AI(Generative AI)를 고객센터와 CS에 전격 도입했다.

이 AI는 고객이 남긴 채팅 내용, 전화 문의, 데이터 사용 패턴 등을 분석해 '이탈 가능성이 높은 고객'을 사전에 예측한다. 예컨대, 데이터 속도가 느리다는 불만을 자주 제기하거나, 요금제 비교 검색을 많이 하는 고객은 이탈 징후가 있다고 판단한다. AI는 이런 고객이 접속하거나 문의했을 때, 적절한 상담원에게 자동으로 연결하고, 그 고객의 상황에 맞는 맞춤형 할인 혜택이나 추가 혜택을 실시간으로 제안한다. 고객은 '내 상황을 이미 알고 있는 듯한' 상담을 받게 되고, 해지 의사가 약화된다.

이 시스템 덕분에 Verizon은 고객 유지율을 크게 높였고, 불필요한 해지율을 줄이는 데 성공했다. 단순히 새로운 고객을 더 확보하는 것보다, 기존 고객 한 명 한 명을 지키는 전략이 더 경제적이라는 판단에서 나온 AI 활용 사례다.

Verizon은 생성형 AI를 통해 2024년 기준 10만 명 이상의 고객

이탈을 방지했다고 공식 발표했다. AI는 1,500개 이상의 데이터 포인트를 분석해 고객 문의 사유를 80% 정확도로 예측하며 고객을 가장 적합한 상담원에게 연결하였고, 매장 방문 고객의 경우 AI가 맞춤형 오퍼를 제공해 평균 방문 시간을 약 7분 단축하는 등 고객 경험도 개선했다고 알려진다.

넷째, 로컬 비즈니스가 글로벌 경쟁력을 확보할 수 있는 기회가 확대되고 있다. 과거에는 국제 시장 진출을 위해 막대한 자본과 글로벌 네트워크가 필요했지만, AI는 이러한 장벽을 크게 낮추고 있다. AI 기반 번역 및 현지화 도구는 언어 장벽을 극복하게 해주며, 자동화된 국제 물류 및 결제 시스템은 국경을 넘는 거래를 용이하게 한다.

예컨대, 작은 공예품 제작 업체도 AI 번역 기술을 활용해 다양한 언어로 웹사이트를 제공하고, AI 마케팅 도구로 글로벌 소비자를 타겟팅하며, 자동화된 국제 배송 시스템을 통해 전 세계에 제품을 판매할 수 있다. 또한 AI 챗봇은 시간대 차이에 관계없이 24시간 고객 응대를 가능하게 해, 글로벌 시장에서의 경쟁력을 높여준다. 이러한 기술적 진보로 인해, 지리적 위치나 기업 규모에 관계없이 혁신적인 제품과 서비스를 가진 중소기업이 글로벌 시장에서 성공할 수 있는 가능성이 크게 높아졌다.

CMY Cubes는 호주 멜버른에 본사를 둔 소규모 교육용 장난감 브랜드다. 이 회사는 'CMY 색상 필터를 이용한 큐브'를 기반으로 한 STEAM(과학·기술·공학·예술·수학) 교육 제품을 만든다. 전통적으로는 학교나 박람회를 통해 홍보하던 이 제품이, AI 도입 이후 전 세계 소비자를 대상으로 팔리게 된 배경에는 '관계 없는 기술 혁신'이 아닌, 철저히 전략적인 AI 도입이 있었다. AI 마케팅 도입 후, 이커머스 및 STEAM 분야 소규모 기업의 해외 매출 비중 증가와 ROI 개선 등의 성과는 실제로 보고되고 있다.

가장 핵심은 마케팅 콘텐츠 자동화다. CMY Cubes는 자사 브랜드에 맞춘 커스텀 GPT 모델을 도입했다. 이 AI는 회사의 브랜드 톤, 핵심 메시지, 대상 고객을 이해하고 자동으로 SEO 최적화된 블로그 게시물, 뉴스레터용 문구, 소셜 미디어용 짧은 문장들을 생성한다. 매주 몇 개씩 일일이 콘텐츠를 생산하던 부담이 AI로 인해 크게 줄었다. 단순히 '시간을 절약했다'는 수준이 아니다. CMY Cubes는 AI가 생성한 콘텐츠의 성과 데이터를 분석해, 어떤 유형의 메시지, 어떤 플랫폼에서 어떤 시간대가 효과적인지를 도출하고, 그 결과를 기반으로 전략을 자율적으로 조정했다. 즉, 'AI 생성 – 자동 성과 분석 – 최적화'가 반복되는 순환 구조를 만들었다.

또한 이 기업은 웹사이트 다국어 번역, 글로벌 결제 게이트웨이 통합, AI 기반 물류 트래킹 시스템까지 도입하여 전 세계 어디서든 제품을 주문하고 받아볼 수 있도록 했다. 고객이 호주가 아닌 미국이나 독일에서 주문해도, 언어·결제·배송·응대의 장벽이 없다. 이 모든 과정은 단 3명 내외의 소규모 팀이 운영하고 있다. 예전 같았으면 글로벌 확장을 위해 마케팅 인력, 고객지원, 현지 파트너, 물류 담당 등 인건비만으로도 진출이 어려웠을 것이다. 하지만 AI는 이 '장벽'을 거의 모두 허물어버렸다.

다섯째, 데이터의 자산화와 새로운 수익 모델 창출이 가능해졌다. 디지털 경제에서 데이터는 새로운 형태의 자산이 되었으며, AI는 이 데이터에서 가치를 추출하는 핵심 도구이다. 중소기업도 비즈니스 과정에서 다양한 데이터를 생성하고 축적하게 되는데, AI를 활용하면 이러한 데이터를 분석하고 자산화하여 새로운 비즈니스 모델을 발굴할 수 있다. 예를 들면 지역 기반 소매업체는 고객 구매 패턴과 선호도에 관한 데이터를 분석하여 맞춤형 추천 서비스를 제공하거나 익명화된 시장 트렌드 데이터를 다른 기업에 제공하는 부가 서비스를 개발할 수 있다.

또한, 제조업체는 생산 과정에서 수집된 데이터를 활용해 예측 유지보수 서비스나 공정 최적화 컨설팅과 같은 새로운 수익 흐름을 창출할 수 있다. 이처럼 AI는 중소기업이 기존에는 활용하지 못했던 데이터의 가치를 발견하고, 이를 바탕으로 혁신적인 비즈니스 모델을 구축할 수 있는 기회를 제공한다.

Ule는 중국 우체국(China Post)과 리카싱의 TOM 그룹이 공동으로 개발한 전자상거래 플랫폼으로, 중국 농촌 지역의 소매점을 디지털화하여 데이터 기반의 새로운 수익 모델을 창출하고 있다. Ule는 농촌 지역의 소매점에 전자 판매 시점(POS) 시스템을 도입하여, 고객의 구매 이력, 상품 선호도, 결제 방식 등의 데이터를 실시간으로 수집한다. 이러한 데이터는 고객 행동 분석, 재고 관리 최적화, 맞춤형 마케팅 전략 수립 등에 활용된다.

수집된 데이터는 익명화 되어 소비자 행동에 대한 인사이트를 제공하는 상품으로 가공된다. 이를 통해 브랜드 파트너는 특정 지역의 소비자 선호도를 파악하여 마케팅 전략을 최적화할 수 있다. 소매점은 고객의 구매 패턴을 분석하여 재고를 효율적으로 관리하고, 맞춤형 프로모션을 제공하여 매출을 증대 시킬 수 있다.

Ule의 플랫폼을 통해 농촌 소매점은 온라인과 오프라인을 통합한 옴니채널 판매를 구현하여 판매 채널을 다변화할 수 있고, 데이터 기반의 의사결정을 통해 운영 효율성을 향상시키면서 고객 만족도를 높일 수 있다. 궁극적으로 글로벌 브랜드와의 협업을 통해 국제 시장에 진출할 수 있는 기반을 마련할 수 있게 된다.

위에 열거한 이러한 변화들은 중소기업에게 새로운 가능성의 지평을 열어주고 있다. 물론, AI 도입에는 비용과 전문성 측면의 장벽이 여전히 존재하지만 클라우드 기반 서비스와 점점 더 접근성이 높아지는 AI 도구들 덕분에 이러한 장벽은 점차 낮아지고 있다. 중요한 것은 중소기업이 이러한 변화의 흐름을 인식하고, AI가 제공하는 기회를 전략적으로 활용하는 것이다.

미래의 성공적인 중소기업은 더 이상 단순히 규모의 열세를 가격 경쟁력으로 극복하려 하지 않을 것이다. 대신, AI를 활용한 민첩성, 초개인화된 고객 경험, 효율적인 인적 자원 활용, 글로벌 시장 접근성, 그리고 데이터 기반 혁신을 통해 고유의 경쟁 우위를 구축할 것이다. 이는 중소기업과 대기업 간의 경쟁 구도를 재편하며, 혁신적이고 적응력이 뛰어난 중소기업에게 무한한 가능성을 열어주는 새로운 비즈니스 환경을 조성하고 있다.

결국, AI 시대의 중소기업 경쟁력은 규모나 자원의 양보다는 변화에 대한 적응력, 고객 이해도, 창의적 문제 해결 능력, 그리고 데이터의 전략적 활용에 더 크게 의존하게 될 것이다. 이러한 새로운 경쟁력의 원천을 이해하고 활용하는 중소기업은 AI 시대에도 지속적인 성장과 번영을 이룰 수 있을 것이다.

5. 4. 5단계 AX 전략 프레임

많은 중소기업 사장님들은 'AI'나 '자동화'라는 단어만 들어도 마음이 멀어진다. '우리 같은 회사와는 상관없는 일이지'라는 생각이 먼저 떠오르기 때문이다. 대규모 IT 투자나 전문 인력이 필요하다는 선입견과 '우리는 너무 작은 회사'라는 자기 제한적 사고가 AX 도입의 첫 번째 장벽이 된다. 하지만 현실은 정반대다. AX는, 거대한 예산이나 고도화된 IT 인프라가 필요한 대기업만의 전유물이 아니다.

오히려 체계가 없는 SMB야말로 AX가 절실한 곳이며, 실행 가능한 방식으로 접근하면 누구나 시작할 수 있다. 대기업보다 중소기업이 더 민첩하게 변화할 수 있는 장점도 있다. 결정 구조가 단순하고, 조직의 경직성이 낮으며, 변화에 따른 리스크를 감수할 수 있는 유연성이 있기 때문이다. 중요한 것은 기술이 아니라 '관점'이다. "어떤 첨단 기술을 도입할 것인가"보다 "우리 비즈니스의 어떤 문제를 해결할 것인가"라는 질문이 우선되어야 한다.

이 장에서는 중소기업이 AI 전환을 어떻게 시작할 수 있을지를 5단계로 정리한다. 이 전략은 기술 중심이 아니라, '비즈니스 문제해결' 중심의 실천형 접근법이다. 복잡한 알고리즘이나 거대한 시스템을 구축하는 것이 아니라, 실제 비즈니스 현장에서 바로 적용할 수 있는 단계별 가이드를 제시한다.

1단계: 문제 정의 - 기술보다 먼저 묻는 질문

현대 기업 환경에서 AI나 자동화 기술에 대한 관심이 높아지면 많은 조직들이 흔히 범하는 오류가 있다. 바로 '기술중심적 접근'이다. "우리도 챗GPT를 도입해야 하지 않을까?", "어떤 RPA 솔루션이 우리 회사에 적합할 까?", "경쟁사가 AI를 도입했으니 우리도 서둘러야 하지 않을까?" 같은 질문으로 프로젝트를 시작하는 것이다. 이런 접근법은 마치 도구를 먼저 구입한 후 그 도구로 할 수 있는 일을 찾는 것과 같다. 기술 도입이 혁신의 시작점이라고 착각하는 이러한 사고방식은 많은 자동화 프로젝트가 실패하는 주요 원인 중 하나다.

그러나 진정한 자동화 경험(AX)은 기술을 선택하는 프로젝트가 아니다. AX의 시작점은 언제나 '문제'에 있다. 지금 우리 회사에서 가장 반복적이고 비효율적인 업무는 무엇인지, 매일 반복되지만 부가가치는 낮은 일이 무엇인지, 사람의 판단 없이도 충분히 처리 가능한 업무가 무엇인지 찾아내는 것이 첫 번째 단계다. 이러한 '문제중심 접근법'은 자동화의 효과를 극대화하고 실질적인 비즈니스 가치를 창출하는 것에 있어 핵심이다.

효과적인 문제 정의를 위해서는 더 구체적인 질문들을 던져봐야 한다. "이 업무는 정말 사람이 직접 해야만 하는 일인가?", "우리 직원들이 매일 2시간 이상 소모하는 반복 업무는 무엇인가?", "고객들이 가장 자주 묻는 질문들은 어떤 것들인가?", "데이터 입력이나 문서 처리에 실제로 얼마나 많은 시간을 소비하고 있는가?", "우리 비즈니스에서 가장 심각한 병목 현상이 발생하는 프로세스는 무엇인가?" 이러한 질문들은 자동화의 가장 큰 효과를 얻을 수 있는 영역을 발견하는 데 도움이 된다.

문제를 정의할 때는 단순히 업무의 반복성만 볼 것이 아니라, 그 업무가 조직 전체에 미치는 영향도 함께 고려해야 한다. 예를 들어, 특정 업무가 매우 반복적이더라도 한 달에 한 번만 수행된다면 자동화의 우선순위가 낮을 수 있다. 반면, 매일 수행되는 업무라면 그 자동화의 효과는 시간이 갈수록 누적되어 큰 가치를 만들어낼 것이다.

소규모 온라인 쇼핑몰을 운영하는 경우라면 상품문의 응대, 재고 관리, 배송 추적, 반품 처리 등의 업무 중 어떤 것이 가장 시간을 많이 소모하는지 파악해야 한다. 혹은 작은 제조업체라면 생산일정 관리, 품질 검사, 원자재 발주, 인력 배치 등의 업무 중 자동화가 가능해서 효율성을 높일 수 있는 부분을 찾아내는 것이 중요하다. 더 구체적으로, 온라인 쇼핑몰의 경우 고객이 가장 자주 묻는 10가지 질문을 분석하여 이를 AI 챗봇으로 자동 응대하는 시스템을 구축한다면 고객 서비스팀의 업무량을 크게 줄이고 고객 만족도도 향상시킬 수 있다.

문제 정의 단계에서는 현재 프로세스의 기준선(baseline)을 명확히 수립하는 것도 중요하다. 현재 특정 업무에 얼마나 많은 시간이 소요되는지, 에러율은 얼마나 되는지, 고객 응대 시간은 어느 정도인지 등의 데이터를 수집해야 한다. 이러한 기준선이 있어야 자동화 후 실제로 어떤 개선이 이루어졌는지 측정할 수 있다.

또한 문제를 정의할 때는 기술적 해결책만이 아니라 프로세스 자체의 개선 가능성도 함께 검토해야 한다. 때로는 불필요하게 복잡한 프로세스를 단순화하는 것만으로도 상당한 효율성 향상을 이룰 수 있다. 자동화는 비효율적인 프로세스를 더 빠르게 실행하는 것이 아니라, 프로세스 자체를 재설계하고 최적화하는 기회가 되어야 한다.

이러한 문제 정의가 명확할수록 AX 프로젝트는 성공에 한 걸음 더 가까워진다. 항상 기억해야 할 점은 모든 AI 프로젝트가 궁극적으로는 비즈니스 문제를 해결하기 위한 수단이라는 것이다. 최신 기술을 도입하는 것 자체가 목적이 되어서는 안 된다. 기술은 문제 해결을 위한 도구일 뿐, 그 자체가 목표가 되어서는 효과적인 자동화 경험을 이룰 수 없다. 진정한 성공은 기술 도입 자체가 아니라 그 기술을 통해 비즈니스 문제를 얼마나 효과적으로 해결했는지에 달려 있다.

2단계: 내부 데이터와 환경 점검 - 데이터 없는 자동화는 없다

자동화 경험(AX)을 성공적으로 구현하기 위한 두 번째 중요한 단계는 내부 데이터와 환경을 철저히 점검하는 것이다. AI와 자동화는 데이터를 기반으로 작동하며, 양질의 데이터 없이는 어떠한 자동화도 제대로 된 성과를 낼 수 없다. 이는 마치 엔진에 연료를 공급하지 않고 자동차를 움직이려는 것과 같다. AX는 '데이터를 먹고 자라는 시스템'이라고 할 수 있다.

많은 중소기업들이 직면하는 현실적인 문제는 기본적인 데이터

조차 체계적으로 정리되어 있지 않다는 점이다. 고객 정보는 개별 영업사원들의 개인 노트나 파일에 분산되어 있고, 마케팅 활동의 성과 데이터는 외주 업체만이 접근할 수 있으며, 회계 관련 데이터는 연말 결산 시기에만 종합적으로 취합된다. 이메일 커뮤니케이션은 직원들의 개인 계정에 흩어져 있고, 가장 중요한 비즈니스 노하우와 지식은 문서화되지 않은 채 오랜 경력의 베테랑 직원들의 머릿속에만 존재하는 경우가 많다. 이러한 상황에서는 아무리 뛰어난 AI 시스템이라도 의미 있는 판단이나 작업을 수행할 수 없다.

효과적인 데이터 준비를 위해서는 체계적이고 실천 가능한 단계별 접근이 필요하다. 먼저, 현재 보유하고 있는 데이터의 현황을 정확히 파악하는 것부터 시작해야 한다. 엑셀 파일, 이메일 기록, 고객 상담 내역, 재고관리 장부와 같은 작은 데이터 조각들이 훌륭한 시작점이 될 수 있다. 심지어 수기로 작성된 노트, 고객으로부터 받은 피드백, 일상적인 업무 과정에서 생성된 메모 등도 중요한 데이터 자산이 될 수 있다. 이러한 데이터들을 먼저 목록화하고 각 데이터의 형태, 위치, 업데이트 주기, 누가 관리 하고 있는지 등을 파악해야 한다.

두 번째 단계는 앞으로의 데이터 수집을 위한 체계적인 시스템을 구축하는 것이다. 지금까지 체계적인 데이터 수집이 이루어지지 않았더라도, 지금부터라도 일관된 방식으로 데이터를 모으기 시작해야 한다. 반드시 고비용의 복잡한 시스템을 도입할 필요는 없다. 중소기업의 규모와 상황에 맞게 간단한 CRM(고객 관계 관리) 시스템을 도입하거나, 무료로 사용할 수 있는 구글 폼을 활용해 고객 피드백을 수집하거나, 엑셀을 활용한 기본적 인 데이터베이스를 구축하는 것만으로도 충분한 시작이 될 수 있다. 중요한 것은 일관성과 지속성이다. 한 번 시작한 데이터 수집 체계는 지속적으로 유지되어야 하며, 모든 관련 직원들이 동일한 방식으로 데이터를 입력하고 관리해야 한다.

세 번째로 중요한 것은 데이터의 표준화다. 동일한 정보라도 다양한 형식으로 저장되면 시스템이 이를 서로 다른 정보로 인식하게 되어 활용이 크게 제한된다. 예를 들어 고객의 연락처 정보를 "010-1234-5678", "01012345678", "010 1234 5678" 등 서로 다른 형식으로 저장하면 시스템은 이를 동일한 정보로 인식하지 못하고 혼란을 겪게 된다. 또한 날짜 형식(YYYY-MM-DD vs MM/DD/YYYY), 주소 기재 방식, 제품 코드 표기법 등 모든 데이터 항목에 대해 일관된 형식을 정하고, 이를 모든 직원이 준수하도록 해야 한다. 이미 다양한 형식으로 저장된 데이터가 있다면, 이를 일괄적으로 변환하는 작업도 필요하다.

네 번째 단계는 데이터 간의 연결성을 확보하는 것이다. 고객 정보, 구매 이력, 문의 내역, 마케팅 활동 등 다양한 데이터가 서로 연결되어 있을 때 진정한 가치가 창출된다. 이를 위해서는 고객 ID나 주문 번호와 같은 고유 식별자(키 값)를 일관되게 사용해야 한다. 만약 CRM 시스템에 저장된 고객 정보와 ERP 시스템에 기록된 구매 내역이 동일한 고객 ID로 연결되어 있다면, 특정 고객의 구매 패턴을 분석하거나 맞춤형 마케팅을 진행하는 것이 가능해진다. 이러한 연결성이 없다면 데이터는 단절된 섬과 같이 존재하게 되어 통합적인 분석이나 자동화가 어려워진다.

데이터 준비와 함께 내부 시스템 환경도 철저히 점검해야 한다. 현재 사용 중인 소프트웨어가 API(응용 프로그램 인터페이스)를 제공하는지, 다른 시스템과의 연동이 가능한지 확인하는 것이 중요하다. API가 제공되지 않거나 제한적인 폐쇄형 시스템은 자동화 구현에 있어 큰 장애물이 될 수 있다. 이런 경우, 시스템 교체를 고려하거나 중간에 데이터를 변환해주는 미들웨어 솔루션 도입을 검토해볼 수 있다. 또한 클라우드 기반 솔루션은 일반적으로 API 연동이 용이하므로, 장기적인 관점에서 클라우드 시스템으로의 전환도 고려해볼 만하다.

내부 데이터와 환경 점검 단계에서 간과하지 말아야 할 또 다른 중요한 측면은 데이터 보안과 개인정보 보호다. 특히 고객 데이터를 활용하는 경우, 관련 법규(개인정보보호법, GDPR 등)를 준수하고 있는지 확인해야 한다. 데이터 수집 시 적절한 동의를 얻었는지, 민감한 정보는 암호화되어 있는지, 접근 권한은 적절히 관리되고 있는지 등을 점검해야 한다. 자동화 시스템이 개인정보를 처리하게 된다면 이에 대한 법적 윤리적 고려사항도 미리 검토해야 한다.

데이터 품질 관리도 중요한 고려사항이다. 수집된 데이터에 오류, 중복, 누락 등이 있다면 자동화 시스템의 성능에 직접적인 영향을 미친다. "쓰레기를 넣으면 쓰레기가 나온다(Garbage In, Garbage Out)"는 말처럼, 부정확한 데이터를 기반으로 한 자동화는 오히려 더 큰 문제를 일으킬 수 있다. 정기적인 데이터 검증과 정제 작업을 통해 데이터의 정확성과 신뢰성을 유지하는 것이 필수적이다.

자동화는 데이터 수집에서부터 시작된다는 점을 항상 명심해야 한다. 완벽한 데이터 환경을 갖추지 못했다고 해서 자동화를 포기할 필요는 없다. 현재 가지고 있는 데이터로 시작하되, 지속적으로 데이터의 양과 질을 개선해 나가는 접근법이 효과적이다. 작은 규모라도 데이터 수집을 지금부터 시작하는 것이 중요하다. 완벽한 데이터 환경을 갖출 때까지 기다린다면, 그날은 영원히 오지 않을 수도 있다. 자동화는 여정이지 목적지가 아니다. 데이터 환경도 함께 진화하고 성장한다는 것을 이해해야 한다.

마지막으로, 데이터의 중요성을 조직 전체가 인식하고 공유하는 문화를 조성하는 것도 중요하다. 데이터 기반 의사결정의 가치를 직원들이 이해하고, 일상 업무에서 데이터를 체계적으로 수집하고 관리하는 습관을 들이도록 해야 한다. 이는 단순한 기술적 변화가 아닌 조직 문화의 변화를 필요로 한다. 따라서 경영진의 적극적인 지원과 리더십이 필수적이다. 데이터의 가치를 모든 구성원이 이해할 때 자동화를 위한 데이터 준비는 자연스럽게 조직의 일상이 될 것이다.

3단계: 파일럿 실행 – 가장 작은 단위부터 빠르게 시도하라

자동화 경험(AX)을 성공적으로 도입하기 위한 세 번째 단계는 파일럿 프로젝트의 실행이다. 비즈니스 변화를 추진할 때 흔히 범하는 실수 중 하나는 처음부터 모든 것을 한꺼번에 바꾸려는 시도다. 특히 AI나 자동화와 같은 새로운 기술을 도입할 때, 기업 전체 프로세스를 한 번에 혁신하려는 대규모 프로젝트는 높은 확률로 실패하게 된다. 이는 마치 수영을 배우기 위해 깊은 바다에 뛰어드는 것과 같다.

AX를 도입할 때 가장 흔한 실수는 너무 크고 복잡한 프로젝트로 시작하려는 것이다. 처음부터 전체 조직에 걸친 자동화 시스템을 구축하려 하거나, 핵심 비즈니스 프로세스 전체를 한 번에 자동화하려는 시도는 많은 위험과 복잡성을 수반한다. 이보다는 작은 규모의 파일럿 프로젝트를 통해 빠르게 성공을 경험하는 것이 훨씬 효과적이다. 이러한 '빠른 성공 사례(Quick Win)'는 조직 내에 자동화에 대한 확신과 동기를 부여하는 강력한 촉매제가 된다.

파일럿 프로젝트를 위한 최적의 영역을 선택하는 것은 AX 도입의 성패를 좌우하는 중요한 결정이다. 이때 고려해야 할 주요 기준은 다음과 같다.

첫째, 단순하고 반복적인 업무를 선택해야 한다. 자동화에 가장 적합한 업무는 판단 기준이 명확하고 규칙적으로 반복되는 작업이다. 고객 문의에 대한 기본적인 응대, 소셜 미디어 플랫폼에 정기적인 게시물 작성, 회의나 예약에 대한 확인 응답 발송, 구조화된 데이터의 입력 및 정리, 정형화된 보고서 작성과 같은 업무가 여기에 해당한다. 이러한 작업들은 명확한 패턴과 규칙이 있어 자동화 로직을 구현하기 상대적으로 용이하다. 반면, 복잡한 의사결정이나 창의적 판단이 필요한 업무는 초기 자동화 대상으로는 적합하지 않다.

둘째, 성과 측정이 쉬운 업무를 선택해야 한다. 자동화의 효과를 명확하게 입증하기 위해서는 자동화 전후의 변화를 객관적으로 측정할 수 있어야 한다. 업무처리 시간, 오류 발생률, 고객응답 소요시간, 처리된 트랜잭션 수와 같이 계량화가 가능한 지표가 있는 영역이 좋다. 이러한 측정 가능한 성과는 AX 도입의 ROI(투자 수익률)를 증명하고, 이후 더 광범위한 자동화 프로젝트를 추진할 때 경영진을 설득하는 강력한 근거가 된다.

셋째, 리스크가 낮은 영역부터 시작하는 것이 안전하다. 초기 파일럿 프로젝트는 실패하더라도 비즈니스의 핵심 운영에 중대한 영향을 미치지 않는 영역을 선택하는 것이 중요하다. 예를 들면 핵심 재무 시스템이나 주문 처리 시스템보다는 마케팅 콘텐츠 생성, 내부 보고서 작성, 데이터 백업 등의 영역이 초기 자동화에 더 적합하다. 실패를 통한 학습이 가능하고, 시행착오를 겪더라도 비즈니스 연속성에 심각한 위협이 되지 않는 영역을 선택해야 한다.

파일럿 프로젝트를 성공적으로 실행하기 위한 실용적인 접근법도 중요하다.

첫째, 간단한 도구부터 시작하는 것이 좋다. 처음부터 고비용의 복잡한 엔터프라이즈 솔루션을 도입할 필요는 없다. 챗GPT와 같은 생성형 AI 도구, 구글 워크스페이스에 내장된 자동화 기능, Zapier나 IFTTT와 같은 노코드 자동화 플랫폼, 또는 Automation Anywhere나 UiPath와 같은 상대적으로 접근성이 높은 RPA(로보틱 프로세스 자동화) 도구로 시작해도 충분하다. 이러한 도구들은 비교적 낮은 비용으로 빠르게 구현이 가능하며, 복잡한 기술적 지식 없이도 기본적인 자동화를 구현할 수 있다.

둘째, MVP(Minimum Viable Product, 최소 기능 제품) 방식을 적용하는 것이 효과적이다. 완벽하게 모든 기능을 갖춘 시스템보다는 '기본적으로 작동하는' 시스템을 먼저 구축하는 것이 중요하다. 이상적인 자동화의 80% 수준의 기능으로 시작해서 실제 사용 경험을 바탕으로 점진적으로 개선해 나가는 전략이 성공 확률을 높인다. 이러한 접근법은 초기 투자 비용과 리스크를 줄이면서도 빠르게 실질적인 가치를 창출할 수 있는 장점이 있다.

셋째, 파일럿 프로젝트의 성공을 측정할 명확한 지표를 사전에 설정해야 한다. "고객 문의 응대 시간 30% 단축", "데이터 입력 오류 50% 감소", " 보고서 생성 시간 70% 절감"과 같이 구체적이고 측정 가능한 목표를 설정함으로써, 프로젝트의 성공 여부를 객관적으로 평가할 수 있다. 이러한 명확한 성공 지표는 프로젝트의 방향성 유지와 구체적인 가치 창출 입증에 있어 중요하다.

파일럿 프로젝트를 진행할 때는 적절한 팀 구성도 성공의 중요한 요소다. 자동화 대상 업무에 대한 깊은 이해를 가진 현업 담당자, 기술적 구현을 지원할 IT 인력, 그리고 변화 관리를 주도할 리더가 함께 참여하는 소규모 크로스펑셔널 팀을 구성하는 것이 이상적이다. 이러한 다양한 관점의 결합은 기술적 가능성과 비즈니스 요구 사항 사이의 균형을 맞추는 데 도움이 된다.

또한, 파일럿 단계에서는 사용자 경험(UX)에 특별히 주의를 기울여야한다. 아무리 기술적으로 뛰어난 자동화 솔루션이라도, 최종 사용자가 사용하기 불편하거나 기존 업무 흐름과 크게 다르다면 저항에 부딪힐 수 있다. 직원들이 쉽게 적응하고 실제로 사용할 수 있는 직관적인 인터페이스와 워크플로우를 설계하는 것이 중요하다. 이를 위해 파일럿 초기부터 최종 사용자의 피드백을 적극적으로 수집하고 반영하는 과정이 필수적이다.

파일럿 프로젝트 과정에서 발생하는 문제와 장애물을 문서화하는 것도 중요하다. 어떤 부분이 예상보다 어려웠는지, 어떤 예상치 못한 문제가 발생했는지, 이를 어떻게 해결했는지 등을 상세히 기록해 두면, 향후 더 큰 규모의 자동화 프로젝트를 진행할 때 귀중한 참고 자료가 된다. 실패와 성공 모두에서 얻은 교훈은 조직의 중요한 지식 자산이 된다.

생성형 AI나 RPA 도구를 통해 단순 작업의 효율이 두세 배 향상되는 것을 직접 경험하게 되면, 조직 전체가 'AX는 실현 가능한 목표'라는 확신을 갖게 된다. 이러한 성공 경험은 자동화에 대한 긍정적인 인식을 형성하고, 보다 광범위한 자동화 여정을 위한 강력한 동력이 된다. 작은 성공이 더 큰 성공의 씨앗이 되는 것이다.

마지막으로, 파일럿 프로젝트의 결과를 조직 내에 효과적으로 공유하고 홍보하는 것도 중요하다. 자동화를 통해 달성한 구체적인 성과(시간 절약, 오류 감소, 비용 절감 등)를 이해하기 쉬운 방식으로 전체 조직에 알림으로써 자동화에 대한 인식을 높이고 추가적인 자동화 기회를 발굴하는 데 도움이 된다. 성공 사례를 통해 직원들은 자동화가 단순히 비용 절감을 위한 도구가 아니라, 반복적이고 지루한 작업에서 벗어나 보다 가치있고 창의적인 업무에 집중할 수 있게 해주는 조력자라는 것을 깨닫게 된다.

파일럿 실행은 기술적 실험을 넘어, 조직이 자동화와 함께 일하는 방식을 배우고 적응하는 과정이다. 작은 규모로 시작하여 빠르게 가시적인 성과를 창출하고, 그 경험을 바탕으로 점진적으로 자동화의 범위를 확장해 나가는 접근법이 지속 가능한 AX 도입의 핵심이다. 이것이 바로 AX 여정의 시작점이며, 작지만 의미 있는 첫걸음이 결국 큰 변화를 이끌어낸다.

4단계: 조직과 문화의 연착륙 – 기술보다 사람이 더 어렵다

자동화 경험(AX) 도입에서 가장 간과되기 쉬우면서도 실패의 주요 원인이 되는 요소는 바로 '조직과 문화의 적응' 문제다. 아무리 뛰어난 기술이나 시스템을 도입하더라도, 실제 사용자인 직원들이 이를 받아들이지 않거나 적극적으로 활용하지 않는다면 그 투자는 무용지물이 된다. 많은 기업들이 자동화 프로젝트에서 기술적 측면에만 집중하고, 인적 요소와 조직 문화적 측면을 간과하는 오류를 범한다. 그러나 현실에서 AX 도입의 가장 큰 난관은 기술 자체가 아니라 '사람'과 '문화'다.

현장의 업무 담당자들이 새로운 시스템에 대해 불편함을 느끼거나 익숙한 기존 업무 방식을 고수하려 한다면, 아무리 첨단 기술로 구현된 자동화 시스템도 제대로 활용되지 못하고 방치되는 결과를 초래한다. 이러한 저항의 근본 원인은 다양하다. AI나 자동화에 대한 막연한 두려움, 자신의 일자리가 위협받을 수 있다는 불안감, 오랫동안 익숙해진 업무 방식을 바꾸는 것에 대한 거부감, 새로운 기술을 학습해야 하는 부담감 등이 복합적으로 작용한다. 특히 중소기업에서는 이러한 문화적 장벽이 더욱 높게 느껴질 수 있다.

이러한 조직 문화적 장애물을 극복하고 자동화 기술의 연착륙을 이루기 위한 전략적 접근이 필요하다. 첫째, 명확한 비전과 목적의 공유가 선행 되어야 한다. 경영진, 특히 최고경영자(CEO)가 왜 자동화 기술을 도입하는지 그 진정한 목적을 솔직하고 투명하게 커뮤니케이션해야 한다. 단순히 "비용 절감"이나 "인력 감축"을 위한 것이 아니라 "반복적이고 지루한 업무에서 직원들을 해방시켜 더 가치 있고 창의적인 일에 집중할 수 있도록 지원하기 위한 것"임을 명확히 전달해야 한다. 이러한 비전 공유는 자동화에 대한 긍정적인 인식을 형성하고 변화에 대한 동기를 부여하는 출발점이 된다.

구체적인 예를 들자면 "우리가 AI 자동화를 도입하는 이유는 여러분이 매일 2시간씩 소비하는 엑셀데이터 정리작업을 10분으로 줄여서, 그 시간에 고객과 더 깊은 관계를 맺거나 신제품 아이디어를 개발하는 데 집중할 수 있게 하기 위함입니다"와 같은 메시지가 효과적이다. 이처럼 직원들의 일상에 어떤 긍정적인 변화가 생길지 구체적으로 설명하는 것이 중요하다.

둘째, 충분한 교육과 역량 강화 프로그램을 제공해야 한다. 직원들이 새로운 자동화 도구와 시스템을 편안하게 사용할 수 있도록 지원하는 것이 필수적이다. 기술에 대한 이해도가 높아질수록 두려움과 저항감은 자연스럽게 낮아진다. 다양한 학습 스타일과 수준을 고려한 여러 형태의 교육 기회(대면 워크숍, 온라인 교육과정, 일대일 멘토링, 실습 세션, 매뉴얼 및 가이드 등)를 제공하는 것이 효과적이다. 특히 현장에서 실제 업무에 즉시 적용할 수 있는 실용적인 교육에 중점을 두어야 한다.

교육은 단순히 기술적인 측면에만 국한되어서는 안 된다. 자동화가 가져올 업무 프로세스의 변화, 새로운 역할과 책임, 자동화 시스템과 인간의 협업 방식 등에 대한 포괄적인 이해를 돕는 내용도 포함되어야 한다. 또한 디지털 리터러시(Digital Literacy)를 높이기 위한 기초적인 교육도 필요할 수 있다. 특히 디지털 기술에 익숙하지 않은 세대나 부서의 직원들을 위한 맞춤형 지원이 중요하다.

셋째, 성공 사례를 지속적으로 공유하고 변화에 적극적으로 참여하는 직원들에게 적절한 인센티브를 제공해야 한다. 자동화를 통해 달성한 작은 성공이라도 이를 조직 전체에 공유함으로써, 자동화의 실질적인 가치와 혜택을 눈으로 확인할 수 있게 해야 한다. "마케팅팀이 AI를 활용한 콘텐츠 생성 도구를 도입한 후, 블로그 포스팅 작성 시간이 50% 단축되어 소셜 미디어 전략 개발에 더 많은 시간을 투자할 수 있게 되었습니다" 또는 "고객 서비스팀이 챗봇을 도입한 후, 일상적인 문의 응대 시간이 70% 감소하여 복잡한 고객 문제 해결에 더 집중할 수 있게 되었습니다"와 같은 구체적인 사례가 강력한 동기부여가 된다.

이러한 성공 사례와 함께, 자동화 도입에 적극적으로 참여하고 기여하는 직원들에게는 적절한 인정과 보상을 제공하는 것이 중요하다. 이는 금전적 보상 뿐만 아니라, 공개적인 인정, 경력개발 기회, 특별 프로젝트 참여기회 등 다양한 형태가 될 수 있다. 이러한 인센티브 시스템은 자동화 에 대한 긍정적인 태도를 장려하고, 변화의 주도자(Change Agent)로서 역할을 하는 직원들을 지원하는 효과가 있다.

넷째, 직원들의 참여를 적극적으로 유도하는 참여형 접근법을 채택해야 한다. 자동화 프로젝트가 경영진이나 IT 부서에 의해서만 주도되는 하향식(Top-down) 접근법보다는, 실제 현장에서 업무를 수행하는 직원들의 아이디어와 피드백을 적극적으로 수렴하는 상향식(Bottom-up) 접근이 더 효과적일 수 있다. "여러분의 일상업무 중 어떤 부분이 가장 반복적이고 자동화하면 도움이 될까요?", "현재 프로세스에서 가장 비효율적이라고 느끼는 부분은 무엇인가요?"와 같은 질문으로 직원들의 참여를 유도할 수 있다.

참여형 접근법의 일환으로, 자동화 아이디어 공모전이나 혁신 워크숍 등의 이벤트를 개최하여 직원들이 자신의 업무 영역에서 자동화 기회를 발굴하고 제안할 수 있는 플랫폼을 제공하는 것도 좋은 방법이다. 이러한 활동은 직원들로 하여금 수동적인 변화의 대상이 아난 능동적인 변화의 주체로 인식하게 함으로써 자동화에 대한 주인의식과 수용성을 높이는 효과가 있다.

다섯째, 점진적이고 단계적인 변화 관리 전략을 수립해야 한다. 급격한 변화는 저항을 불러일으키기 쉽다. 따라서 하루아침에 모든 시스템과 프로세스를 바꾸려 하기보다는, 단계적인 전환을 통해 직원들이 새로운 방식에 적응할 수 있는 시간과 공간을 제공하는 것이 중요하다. 기존 업무 방식과 새로운 자동화 시스템을 일정 기간 병행하면서, 점진적으로 새 시스템으로 이행하는 전략이 효과적이다.

이 과정에서 '챔피언(Champion)' 또는 '파워 유저(Power User)'를 양성하는 것도 도움이 된다. 각 부서나 팀에서 자동화 기술에 관심이 많고 적응이 빠른 직원들을 선발하여 심화 교육을 제공하고, 이들이 동료들의 질문에 답하고 지원하는 역할을 맡게 하는 것이다. 이러한 내부 전문가 네트워크는 공식적인 지원 체계를 보완하고, 동료 간 학습과 지식 공유를 촉진하는 효과가 있다.

변화 관리의 또 다른 중요한 측면은 명확한 커뮤니케이션이다. 자동화 프로젝트의 진행 상황, 주요 이정표, 예상되는 변화와 그 영향 등에 대해 정기적으로 투명하게 소통해야 한다. 불확실성과 모호함은 불안과 저항을 증폭시키는 요인이 되므로, 가능한 한 명확하고 일관된 메시지를 전달하는 것이 중요하다.

자동화 도입 과정에서 외부 전문가나 컨설턴트와의 협업도 고려해볼 만하다. 외부 전문가들은 다양한 기업에서의 경험을 바탕으로 실패 가능성이 높은 함정을 미리 파악하고 회피할 수 있도록 도와주고 객관적인 시각에서 조언을 제공할 수 있다. 특히 중소기업의 경우, 내부에 자동화나 변화 관리 전문가가 부족한 경우가 많아 외부 지원이 더욱 중요할 수 있다. 다만, 외부 전문가에게 전적으로 의존하기보다는, 내부 역량을 함께 키워나가는 접근법이 장기적으로 더 효과적이다.

자동화 시대에 직원들의 역할과 책임도 재정의될 필요가 있다. 자동화가 일부 업무를 대체하게 되면서, 직원들은 새로운 역할과 책임을 맡게 될 것이다. 이에 대한 명확한 로드맵과 비전을 제시하고, 필요에 따라 재교육과 역량 개발 기회를 제공해야 한다. 직원들이 자동화를 위협이 아닌 성장의 기회로 인식할 수 있도록 지원하는 것이 중요하다.

또한, 자동화로 인한 생산성 향상의 혜택을 직원들과 공유하는 방안도 고려해야 한다. 자동화를 통해 비용 절감이나 효율성 증대가 이루어졌다면, 이러한 성과의 일부를 직원 복지 향상, 근무 환경 개선, 교육 투자 등으로 환원함으로써 직원들이 자동화의 혜택을 직접 체감할 수 있게 해야 한다.

무엇보다 중요한 것은, AX가 '사람을 대체하는 것'이 아니라 '사람을 지원하고 역량을 강화하는 것'이라는 인식을 조직 전체에 심어주는 것이다. 자동화의 진정한 목표는 반복적이고 지루한 업무는 기계에게 맡기고 창의성, 공감 능력, 문제 해결 능력, 감성 지능과 같은 인간 고유의 역량이 중요한 영역에서 인간의 잠재력을 최대한 발휘할 수 있도록 지원하는 것임을 강조해야 한다. 이러한 인식이 조직 문화에 깊이 뿌리내릴 때, 진정한 의미의 사람과 기술의 조화로운 협업이 가능해진다.

결론적으로, 자동화 경험(AX)의 성공적인 도입은 단순한 기술 구현을 넘어, 사람과 문화를 포함한 종합적인 변화 관리를 필요로 한다. 기술적 도전보다 더 어려울 수 있는 인적, 문화적 변화를 효과적으로 관리할 때 자동화는 진정한 비즈니스 가치를 창출하고 조직의 지속 가능한 성장을 이끄는 원동력이 될 수 있다.

5단계: 스케일업 – 흐름을 만들고 연결하라

파일럿이 성공하면, 이제 확장할 차례다. 작은 성공에서 얻은 자신감과 노하우를 바탕으로 AX의 영역을 점진적으로 넓혀가야 한다. 마케팅 자동화를 시작했다면 고객 관리, 주문 처리, 세일즈, 인사 등으로 범위를 넓혀갈 수 있다. 이 단계에서는 개별 업무의 자동화를 넘어 '비즈니스 프로세스 전체'를 아우르는 통합적 접근이 중요하다.

자동화 경험(AX) 도입의 마지막 단계는 성공적인 파일럿 프로젝트를 기업 전체로 확장하는 '스케일업' 과정이다. 이 단계는 작은 성공에서 얻은 자신감과 노하우를 바탕으로 자동화의 영역을 점진적으로 넓혀가는 과정이다. 초기에 마케팅 콘텐츠 생성 자동화로 시작했다면 이제는 고객 관계 관리, 주문 처리, 영업 활동, 인사 관리, 재무 보고 등 기업의 다양한 기능 영역으로 자동화를 확장해 나갈 수 있다. 이 단계에서 가장 중요한 것은 개별 업무나 기능의 자동화를 넘어서, '비즈니스 프로세스 전체'를 아우르는 통합적이고 유기적인 접근법을 취하는 것이다.

스케일업 단계의 핵심은 자동화된 개별 기능들을 서로 연결하여 하나의 '흐름'으로 만드는 것이다. 이러한 통합적 접근을 통해 자동화는 단순한 업무 효율화를 넘어 비즈니스 전체의 변화와 혁신을 이끄는 원동력이 될 수 있다. 그러나 스케일업은 단순히 자동화의 범위를 확장하는 것 이상의 복잡한 과정이며, 전략적이고 체계적인 접근이 필요하다.

효과적인 스케일업을 위한 첫 번째 전략은 '프로세스 연결하기'다. 자동화의 진정한 가치는 각 기능과 단계가 '흐름'으로 연결될 때 극대화된다. 고객이 웹사이트에서 남긴 행동 데이터가 자동으로 분석되어 맞춤형 마케팅 전략에 반영되고, 그 마케팅 활동의 성과가 실시간으로 측정되어 보고서로 정리되며, 이 인사이트가 다음 비즈니스 결정으로 자연스럽게 이어지는 '구조적 흐름'은 곧 전체 프로세스가 유기적으로 연결된 자동화 에코시스템의 완성이 된다.

이를 위해서는 다양한 시스템과 플랫폼 간의 원활한 데이터 흐름이 필수적이다. API(응용 프로그램 인터페이스)를 통한 시스템 간 연동, 통합 데이터 플랫폼 구축, 워크플로우 자동화 도구 활용 등의 기술적 접근이 필요하다. 즉 CRM 시스템, 마케팅 자동화 도구, 이메일 플랫폼, 분석 도구, ERP 시스템 등이 서로 데이터를 주고받으며 협업할 수 있는 구조를 만들어야 한다. 이러한 통합은 한 번에 모든 것을 구현하려 하기보다는, 가장 가치가 높은 연결 지점부터 우선순위를 두고 점진적으로 구현하는 것이 효과적이다.

두 번째 전략은 '데이터 기반 의사결정 강화'다. 자동화 시스템은 업무 수행 과정에서 방대한 양의 데이터를 생성하고 수집한다. 이 데이터는 단순히 저장되는 것에 그치지 않고, 비즈니스 인사이트를 도출하고 의사결정에 활용될 때 진정한 가치를 발휘한다. 단순한 업무 자동화를 넘어 수집된 데이터를 분석하고 이를 통해 비즈니스 인텔리전스를 강화하는 체계를 구축해야 한다.

이를 위해 데이터 시각화 도구, 비즈니스 인텔리전스 플랫폼, 예측 분석 시스템 등을 활용할 수 있다. 예를 들어, 고객 행동 데이터를 분석하여 구매 가능성이 높은 고객을 식별하고 이에 맞춘 타겟 마케팅을 자동으로 수행하는 시스템을 구축할 수 있다. 또는 생산 라인의 센서 데이터를 분석하여 장비 고장을 예측하고 선제적으로 유지보수를 수행하는 예측 정비 시스템을 도입할 수도 있다. 중요한 것은 데이터가 단순히 보고서에 그치지 않고, 실제 비즈니스 의사결정과 행동으로 이어지는 체계를 만드는 것이다.

세 번째 전략은 '지속적인 최적화'다. 자동화 시스템은 한 번 구축한 후 그대로 방치해서는 안된다. 비즈니스 환경, 고객 요구, 기술 발전 등은 끊임없이 변화하기 때문에, 자동화 시스템도 이에 맞춰 지속적으로 발전하고 최적화되어야 한다. 이를 위해 사용자 피드백을 정기적으로 수집하고, 핵심 성과 지표(KPI)를 실시간으로 모니터링하며, 새로운 기술과 도구를 지속적으로 탐색하는 체계를 갖추어야 한다.

'지속적 개선(Continuous Improvement)' 또는 '가이젠(Kaizen)' 철학을 자동화 시스템 관리에 적용하는 것이 효과적이다. 매월 또는 분기별로 자동화 시스템의 성과를 검토하고, 개선 기회를 식별하며, 필요한 업데이트를 수행하는 정기적인 리뷰 프로세스를 도입할 수 있다. 또한 자동화 시스템의 성능과 가치를 객관적으로 측정할 수 있는 핵심 지표를 설정하고 정기적으로 추적하는 것도 중요하다.

네 번째 전략은 '혁신적 비즈니스 모델 탐색'이다. AX가 성숙 단계에 접어들면, 자동화는 단순한 효율성 개선을 넘어 기존에는 불가능했던 새로운 비즈니스 모델이나 서비스를 가능하게 한다. 예를 들어, AI 기반의 초개인화된 고객 서비스, 24시간 365일 운영 가능한 자동화된 비즈니스 시스템, 실시간 데이터 분석을 기반으로 한 신규 서비스 등을 개발할 수 있다.

이런 혁신적 비즈니스 모델 탐색을 위해서는 '디자인 싱킹(Design Thinking)'과 같은 창의적 접근법을 활용하는 것이 효과적이다. 고객 여정 맵(Customer Journey Map)을 통해 현재 고객 경험에서의 불편 지점(Pain Point)을 식별하고, 자동화 기술을 활용해 이를 해결하는 혁신적인 솔루션을 개발하는 과정이 중요하다. 또한 내부 임직원들로부터의 아이디어 제안을 장려하고, 혁신적인 자동화 활용 사례를 발굴하기 위한 이니셔티브(해커톤, 혁신 경진대회 등)를 정기적으로 진행하는 것도 좋은 방법이다.

다섯 번째 전략은 '생태계 구축'이다. 자동화의 범위를 내부 시스템에만 국한하지 않고 공급업체, 파트너사, 고객 등 외부 이해관계자와의 연결 지점까지 확장하는 것이다. 이를 통해 전체 비즈니스 생태계의 효율성과 가치를 높일 수 있다. 예를 들어, 공급업체 시스템과 자사의 재고 관리 시스템을 연동하여 자동 발주 프로세스를 구축하거나 고객의 구매 데이터를 활용한 자동 재주문 서비스를 제공하는 등의 확장이 가능하다.

이러한 확장된 생태계 구축을 위해서는 API 경제(API Economy)에 참여하거나, 오픈 이노베이션 접근법을 활용할 수 있다. 자사의 시스템을 외부에 개방하고, 파트너사나 외부 개발자들이 이를 기반으로 혁신적인 서비스를 개발할 수 있는 플랫폼을 제공하는 전략이다. 예를 들어, 자사의 데이터나 서비스에 접근할 수 있는 API를 제공하고, 이를 통해 새로운 가치를 창출하는 파트너십 생태계를 조성할 수 있다.

스케일업 단계에서는 조직 구조와 거버넌스 체계도 함께 발전시켜야 한다. 자동화가 기업 전체로 확산됨에 따라 이를 효과적으로 관리하고 조율할 수 있는 중앙집중식 거버넌스 체계가 필요하다. 이를 테면 '자동화 센터 오브 엑설런스(Automation Center of Excellence)'를 설립하여 자동화 전략 수립, 기술 표준화, 우수 사례 공유, 교육 및 지원 등을 총괄하는 전담 조직을 운영할 수 있다. 이러한 중앙 조직은 각 부서별 자동화 이니셔티브가 일관된 방향성을 유지하고, 중복 투자를 방지하며, 시너지를 창출할 수 있도록 조율하는 역할을 한다.

동시에, 각 부서와 팀이 자체적으로 자동화 이니셔티브를 발굴하고 추진할 수 있는 권한과 역량도 부여해야 한다. 이러한 '균형 잡힌 거버넌스' 접근법은 중앙의 일관성과 현장의 민첩성을 동시에 확보할 수 있는 장점이 있다. 결과적으로 중앙에서는 자동화 플랫폼, 보안 정책, 데이터 표준 등의 기반을 제공하고 각 부서에서는 이를 활용해 현장의 구체적인 니즈에 맞는 자동화 솔루션을 개발하는 구조를 만들 수 있다.

스케일업 과정에서 인재 확보와 역량 개발도 중요한 과제다. 자동화가 고도화됨에 따라, 단순히 기술을 구현하는 것을 넘어 이를 전략적으로 활용하고 혁신을 주도할 수 있는 인재가 필요하다. 기존 직원들의 역량을 강화하는 재교육 프로그램과 함께 데이터 과학자, AI 전문가, 자동화 아키텍트 등 새로운 전문 인력을 확보하는 전략도 필요하다. 또한 자동화로 인해 변화하는 직무에 맞춰 조직 구성원의 역할과 책임을 재정의하고 이에 맞는 평가 및 보상 체계를 구축하는 것도 중요하다.

스케일업 단계에서 간과하지 말아야 할 또 다른 측면은 보안과 리스크 관리다. 자동화 시스템이 기업의 핵심 프로세스와 데이터에 접근하게 됨에 따라 보안 위협과 운영 리스크도 증가한다. 특히 AI와 같은 고급 자동화 기술은 새로운 형태의 취약점을 야기할 수 있다. 따라서 데이터 보안, 프라이버시 보호, 윤리적 AI 활용, 시스템 복원력 등을 포괄하는 종합적인 리스크 관리 체계를 구축해야 한다. 정기적인 보안 점검, 취약점 테스트, 비상 대응 계획 수립 등을 통해 자동화 시스템의 안정성과 신뢰성을 확보해야 한다.

이러한 종합적인 스케일업 과정을 통해 기업은 '회사 자체가 지능화 되는' 상태에 도달할 수 있다. 이는 단순히 개별 업무나 기능이 자동화되는 수준을 넘어, 비즈니스의 흐름 전체가 AI와 자동화 기술을 중심으로 재구성되는 근본적인 변화를 의미한다. 이 단계에 이르면 기술은 더 이상 개별 '도구의 집합'이 아니라 '기업의 신경망'으로 기능하게 된다. 고객의 행동 패턴, 시장의 변화, 내부 운영 상황 등이 실시간으로 감지되고 이에 대한 반응과 대응이 자동으로 이루어지는 유기체와 같은 지능형 조직이 형성되는 것이다.

이처럼 AX 경험의 최종 목표는 단순한 업무 자동화를 넘어, 기업 전체가 데이터 기반의 지능형 시스템으로 진화하는 것이다. 개별 기능의 효율화에서 시작하여 프로세스 연결, 데이터 기반 의사결정 강화, 지속적 최적화, 혁신적 비즈니스 모델 개발, 확장된 생태계 구축으로 이어지는 여정은 디지털 전환의 본질적인 과정이고 미래 경쟁력의 핵심 원천이다.

결론: 시작이 반이다

AX는 기술이 아니라 조직을 바라보는 새로운 관점이다. 거창하게 시작할 필요는 없다. 작게 시작하고, 빠르게 성과를 확인하고, 확신을 갖고 넓혀가는 것. 그것이 바로 누구나 할 수 있는 AX의 본질이다. 중소기업이 AX를 도입하는 과정에서 가장 중요한 것은 '첫발을 내딛는 용기'다. 완벽한 준비를 기다리다보면 영원히 시작할 수 없다. 불완전하더라도 지금 할 수 있는 것부터 시작하고, 경험을 통해 배우며 발전해 나가는 것이 중요하다. 데이터는 축적될수록 가치가 커지고, 자동화 시스템은 운영될수록 정교해진다. 오늘 시작한 작은 변화가 1년 후 5년 후에는 경쟁사와의 큰 격차로 이어질 수 있다. AX는 선택이 아닌 생존의 문제가 되어가고 있다.

기억하자. 미래는 모든 기업이 AI 기업이 되는 세상이다. 중요한 것은 우리 조직에 맞는 방식으로 지능화의 여정을 시작하는 것이다. 그 첫걸음을 내딛는 데 필요한 것은, 기술적 지식이기 보다 변화에 대한 의지와 실행력이다.

제 6장에서는 산업 종류별로 앞서 기술한 5단계 전략이 AX를 선제 도입한 대기업에서는 어떻게 적용되는지 살펴봄으로써 중소기업이 AX를 어떻게 추진해야 하는지에 대한 방향성을 제시하고자 한다.

[케이스스터디]
통념을 뒤엎는 소상공인의 AI 전환

AI 전환은 조직을 가진 자들의 특권처럼 보일 수 있다. 시스템, 예산, 인력, 프로젝트 관리 능력이 있는 중견기업에게만 가능하다는 통념이 지배적이다. 대형 IT 기업들이 AI 기술을 독점하고 디지털 전환의 주인공이 되는 시대에 소상공인과 개인사업자들은 그저 관객에 불과하다는 인식이 팽배해 있다. 특히 금융업계에서는 대형 보험사와 은행들이 챗봇을 도입하고, 빅데이터 분석 시스템을 구축하는 동안, 개인 보험설계사들은 여전히 전통적인 영업 방식에 의존하는 경우가 많다.

디지털 격차(digital divide)는, 기업의 규모에 따라 점점 더 확대되는 추세였고 소상공인들은 이 간극을 좁히기 위한 방법을 찾지 못하고 있었다. 하지만 이런 통념을 과감히 뒤집고 실전에서 1인 사업자로서 AI 전환의 가능성을 증명한 사례가 있다. 바로 '민쌤 보험테라피' 사례다. 이 회사의 도전은 단순한 기술 도입이 아닌, 전면적인 브랜드 재구성과 비즈니스 모델의 혁신을 동반했다. 이는 한국 금융업계에서 보기 드문 사례로, 기술 의존도가 낮다고 여겨지던 보험 판매 영역에서의 파격적인 시도였다.

'민쌤'은 1인 보험설계사이자 GA(General Agency) 조직의 리더로서 제한된 자원과 기술적 배경 없이도 AI를 단순한 업무 보조 도구가 아닌 브랜드의 일부, 아니 브랜드 그 자체로 통합해내는 혁신적인 실험을 감행했다. 보험업계에서 20년 이상의 경력을 쌓아온 그는 디지털 전환의 필요성을 누구보다 절실히 느꼈다. 특히 코로나19 팬데믹 이후 비대면 상담과 디지털 마케팅의 중요성이 부각되면서, AI를 활용한 브랜드 혁신은 선택이 아닌 필수가 되었다고 판단했다.

이 사례는 AI 기술이 대기업만의 전유물이 아니라, 열정과 창의성을 가진 소상공인에게도 강력한 경쟁력이 될 수 있음을 보여주는 상징적인 도전이었다. 특히 기술적 장벽이 높고 초기 비용이 부담스러운 AI 도입을 소규모 비즈니스 환경에서 구현해 낸 점은 많은 개인사업자들에게 새로운 가능성을 제시했다.

단순한 질문에서 시작된 브랜드 혁신

이 회사의 AI 전환 여정은 놀랍도록 단순한 질문에서 출발했다. "나를 고객에게 더 정확하게 설명할 수 있는 방법은 없을까?" 이 소박하지만 본질적인 고민은 민쌤을 AI 기술과의 첫 접점으로 이끌었다. 많은 보험설계사들이 상품 설명과 가입 절차에만 집중할 때, 민쌤은 브랜드의 본질에 대해 고민했고, 그 해답을 AI 기술에서 찾았다.

이 질문은 보험업계의 근본적인 문제와도 맞닿아 있었다. 대부분의 고객들은 보험설계사를 단순한 '판매자'로 인식하거나, 여러 보험설계사를 구분하지 못하는 경향이 있다. 이런 환경에서 자신만의 차별화된 브랜드 아이덴티티를 구축하는 것은 생존의 문제였다. 민쌤은 자신이 가진 전문성과 상담 철학을 효과적으로 전달할 수 있는 방법을 모색하던 중, AI 기술에 주목하게 되었다.

특히 그가 '보험테라피'라는 브랜드명에 담은 의미는 중요했다. 보험을 단순한 금융상품이 아닌 '정신적 안정'을 제공하는 테라피(치료)로 바라보는 그의 독특한 시각을 효과적으로 전달하기 위해서는, 기존의 마케팅 방식으로는 한계가 있었다. 고객의 라이프스타일과 심리상태까지 고려하는 그의 상담 방식을 더 많은 잠재 고객에게 알리기 위해서는 새로운 접근법이 필요했다.

민쌤의 AX(AI Transformation) 전략은 단순한 효율화가 아닌 '브랜드의 지능화'였다. 그는 ChatGPT 기반 생성형 콘텐츠를 활용해, 본인의 말투, 가치관, 세일즈 문장을 학습시킨 프롬프트를 세심하게 설계했다. 이 과정에서 그는 수백 개의 과거 상담 기록과 기사 블로그, SNS 포스팅을 분석하여 자신만의 언어적 패턴과 상담 철학을 추출했다.

그는 단순히 ChatGPT에 "보험 상품 설명을 작성해줘"라고 요청하는 대신 자신만의 독특한 설명 방식과 개인 경험에서 우러 나온 비유, 사례를 AI에 학습시켰다. 예를 들어, 그가 실제 상담에서 자주 사용하던 "보험은 불확실한 미래에 대한 감정적 안전벨트입니다"와 같은 표현들이 AI가 생성하는 콘텐츠에 자연스럽게 녹아 들도록 프롬프트를 정교하게 설계했다.

이는 단순한 AI 활용을 넘어 자신의 브랜드 아이덴티티를 AI 시스템에 이식하는 작업이었다. 이렇게 설계된 AI 시스템은 블로그 글, 보험 상품 설명서, 상담 스크립트, 세일즈 카드뉴스를 자동화하는 데 사용되었다. 특히 주목할 만한 점은, 그가 만든 콘텐츠가 단순한 '정보 전달'이 아닌 그의 상담 철학과 접근 방식을 그대로 담아내는 '브랜드화 된 콘텐츠'라는 점이었다.

AI 아바타와 실제 인간의 공존 실험

민쌤은 텍스트 기반 콘텐츠에만 만족하지 않았다. 그의 다음 도전은 AI 기반 브랜드 영상이었다. 디지털 시대에 시각적 콘텐츠의 영향력을 인식한 그는 과감하게 AI 아바타 기술을 도입했다. 영상은 실제 고객 상담 장면을 재현한 시나리오로 구성되었는데, 영상의 전반부는 헤이젠(HEYGEN)으로 제작한 AI 아바타가 등장하고, 후반부는 실제 민쌤 본인이 나타나는 형식으로 제작되었다. 이 과정에서 그는 자신의 실제 상담 대화를 AI 아바타의 스크립트로 변환하고, 자신의 특징적인 손동작과 표정까지 AI 아바타에 적용하기 위해 노력했다.

제작 과정이 순탄치만은 않았다. 처음 시도했을 때는 AI 아바타의 입 모양과 음성이 어색하게 동기화되는 문제가 있었고, 자연스러운 감정 표현에도 한계가 있었다. 그러나 여러 차례의 시행착오 끝에, 민쌤은 자신의 말투와 상담 스타일을 가장 잘 표현할 수 있는 최적의 AI 아바타를 완성했다. 특히 미묘한 뉘앙스와 감정 표현까지 고려하여 스크립트를 여러 차례 수정하는 과정을 거쳤다.

이 실험은 단순한 마케팅 수단을 넘어 "AI가 만든 나와, 실제의 내가 공존할 수 있는가?"라는 철학적 질문에 대한 실천적 응답이기도 했다. 고객들은

AI 아바타를 통해 민쌤의 보험 철학과 상담 방식을 미리 경험한 후, 실제 민쌤과 만나게 되는 여정을 경험했다. 이는 디지털과 아날로그의 경계를 흐릿하게 만들고, 온라인과 오프라인 경험을 연결하는 혁신적인 접근법이었다.

민쌤은 이 영상 제작을 통해 예상치 못한 효과도 경험했다. AI 아바타가 자신의 말과 행동을 재현하는 과정에서, 자신의 말투와 상담 방식에 대해 객관적으로 돌아볼 수 있는 기회를 얻었다. 이를 통해 자신의 브랜드 아이덴티티를 더욱 정교하게 다듬을 수 있었고, 실제 상담에서도 더 명확하고 일관된 메시지를 전달할 수 있게 되었다.

완성된 영상은 곧 짧은 버전으로 재편집되어 유튜브 쇼츠와 인스타그램, 페이스북 등 SNS 플랫폼에 게시되었고, 새로운 보험설계사를 모집하는 리크루팅 도구로도 활용되었다. 특히 주목할 만한 점은 이 영상이 일반적인 보험 광고와는 달리, 상품 정보보다는 민쌤의 상담 철학과 접근 방식에 초점을 맞추고 있다는 것이었다. 이는 보험 업계의 기존 마케팅 관행에서 벗어난 혁신적인 시도였다.

브랜드 자산의 전면적 AI 변환

민쌤의 실험은 여기서 멈추지 않고 더욱 현실적이고 촘촘한 영역으로 확장되었다. 그는 AI 기술을 브랜드의 모든 접점에 적용하는 전면적인 변환을 시도했다. 이는 단발적인 마케팅 캠페인이 아닌, 브랜드의 근본적인 재구성을 의미했다.

AI이미지 생성도구 미드저니(Midjourney)와 달리(DALL-E)를 활용하여 명함과 포스터, 지면광고용 배너, 고객 교육용 뉴스레터, 채용 공고 콘텐츠까지 모든 브랜드 자산이 AI로 생성되었다. 이 과정에서 민쌤은 일관된 브랜드 이미지를 유지하기 위해 특정 색상 팔레트와 시각적 요소를 정의하고, 이를 모든 AI 생성 콘텐츠에 적용했다.

미드저니를 활용한 이미지 생성 과정은 그 자체로 창의적인 실험이었다. 민쌤은 "따뜻함", "신뢰", "안정감"과 같은 자신의 브랜드 가치를 시각적으로 표현하기 위해 다양한 프롬프트를 시도했다. 특히 보험이라는 다소 딱딱하고 추상적인 개념을 친근하고 공감할 수 있는 이미지로 변환하는 작업에 많은 시간을 투자했다. 예를 들어, 미드저니에 "따뜻한 색조의 우산을 든 가족, 편안함과 보호의 느낌, 부드러운 빛"과 같은 상세한 프롬프트를 입력하여 보험의 본질인 '보호'와 '안전'을 시각적으로 표현했다.

DALL-E를 이용한 마케팅 자료 제작에서는 특히 고객 교육용 뉴스레터에 주력했다. 복잡한 보험 개념을 일상적인 상황과 연결시키는 인포그래픽을 다수 생성하여, 고객들이 보험을 더 쉽게 이해할 수 있도록 했다. 예를 들어, "손해보험과 생명보험의 차이점"을 설명하는 뉴스레터에서는 두 개념을 시각적으로 비교하는 인포그래픽을 AI로 생성하여 활용했다.

특히 주목할 만한 점은 그의 명함 디자인이다. 일반적인 명함과 달리, 민쌤의 명함에는 본인의 AI 영상 링크 QR코드를 삽입해, 첫 대면에서도 AI 기반 자기소개가 가능하도록 설계했다. 이를 통해 명함이라는 전통적인 비즈니스 도구를 AI 기술과 결합한 디지털 브랜드 경험의 시작점으로 변화시켰다. 고객이 명함의 QR코드를 스캔하면 민쌤의 AI 아바타가 등장하여 자기소개를 하고, 보험 상담 철학을 설명한 후, 예약 방법까지 안내하는 통합된 경험을 제공하고자 했다. 이는 단순한 정보 전달을 넘어, 고객과의 첫 만남에서부터 차별화된 브랜드 경험을 제공하는 혁신적인 시도였다.

또한 그는 AI로 생성된 디자인을 활용해 자신의 사무실의 상담 공간도 재구성했다. 상담실 벽면에 걸린 포스터부터 고객에게 제공되는 브로슈어까지, 모든 시각적 요소를 AI 생성 이미지로 통일하여 일관된 브랜드 경험을 제공했다. 이 과정에서 그는 미드저니를 활용해 '보험테라피' 콘셉트에 맞는 안락하고 치유적인 공간을 시각화한 이미지를 다수 생성하여 활용했다.

음성 기술을 활용한 브랜드 경험의 입체화

민쌤의 기술 활용도는 시각적 요소에만 국한되지 않았다. 그는 브랜드 경험을 더욱 입체적으로 만들기 위해 음성 기술에도 주목했다. 일레븐랩스(ElevenLabs)를 활용해 본인의 실제 음성을 AI에 학습시키는 과정을 거쳤다. 이 과정에서 그는 다양한 톤과 감정을 표현하는 여러 오디오 샘플을 녹음하여 AI가 상황에 맞는 적절한 감정을 표현할 수 있도록 했다.

이렇게 만들어진 AI 음성 클론은 보험상품 설명 오디오 콘텐츠 제작에 활용되었으며, 고객용 상담 리마인드 메시지를 음성 기반으로 제작해 전달하는 데에도 사용되었다. 특히 그는 복잡한 보험 개념을 설명하는 10분 내 외의 오디오 가이드 시리즈를 제작, 고객들이 이동 중이나 여유 시간에 들을 수 있도록 했다. "민쌤의 3분 보험 이야기"라는 이름의 이 시리즈는 보험금 청구 방법, 특약의 중요성, 보험 약관 읽는 법 등 실용적인 정보를 제공했다.

또한 그는 AI 음성을 활용하여 고객 응대 시스템도 개선했다. 상담 일정 확인과 간단한 문의에 대응하는 음성 메시지를 미리 제작하여, 고객이 문자나 메신저로 특정 키워드를 포함한 질문을 보내면 해당 음성 메시지가 자동으로 전송되는 시스템을 구축했다. 이를 통해 24시간 응대가 가능해졌고, 민쌤이 물리적으로 응답할 수 없는 상황에서도 고객은 그의 목소리로 안내를 받을 수 있었다.

이 음성 기반 콘텐츠는 고객들에게 민쌤의 목소리로 중요한 보험 정보와 상담 일정을 상기시켜 주는 역할을 했다. 더욱 놀라운 점은 민쌤이 물리적으로 부재중이더라도, 그의 AI 음성은 끊임없이 고객과 소통하며 브랜드 경험을 유지시켰다는 것이다. 이 모든 결과물은 단지 콘텐츠가 아니라, 고객과 신뢰를 축적하는 '브랜드 반복 장치'로 기능하게 되었다.

특히 상담 후 고객들에게 전송되는 음성 메시지에서 그는 해당 고객의 상황에 맞춘 맞춤형 정보를 제공하기 위해 노력했다. 가족 보장에 관심이 있는 고객에게는 "오늘 상담에서 말씀드린 것처럼, 자녀 교육비 준비에는 적립식 보험과 함께 교육보험을 고려해보시는 것이 좋을 것 같습니다"와 같은 구체적인 내용을 담은 음성 메시지를 전송했다. 이런 맞춤형 접근은 고객들에게 깊은 인상을 남겼고, 민쌤의 브랜드가 단순한 보험 판매가 아닌 '맞춤형 재정

컨설팅'을 제공한다는 인식을 강화했다.

자동화를 넘어 브랜드 본질의 확장

민쌤의 AI 전환 목표는 단순한 업무 자동화가 아니었다. 그는 자신의 철학을 명확하게 정의했다. "AI는 나를 대신해 일하게 만드는 것이 아니라, 내가 더 많이 더 정확하게 나일 수 있도록 돕는 거예요." 이 발언은 1인 창업자에게 AX란 무엇인가에 대한 본질적 정의를 담고 있다.

이 철학은 그의 모든 AI 활용에 반영되었다. 그는 AI를 활용하면서도, 기술이 인간을 대체하는 것이 아니라 인간의 능력을 확장하는 도구라는 점을 항상 염두에 두었다. 예를 들어, AI가 생성한 상담 스크립트나 설명 자료는 반드시 민쌤 본인의 검토와 수정을 거쳤다. 이 과정에서 그는 AI가 제안한 내용 중 자신의 브랜드 가치와 일치하지 않는 부분을 걸러내고, 필요한 경우 인간적인 통찰과 경험을 추가했다.

또한 그는 AI를 활용하여 확보한 시간을 고객과의 더 깊은 관계 구축에 투자했다. AI가 루틴한 콘텐츠 생성과 기초적인 고객 응대를 담당하는 동안, 민쌤은 고객의 삶에 실질적인 변화를 가져올 수 있는 맞춤형 재정 계획 수립에 더 많은 시간을 할애할 수 있었다. 이는 그의 서비스 품질을 향상시키는 동시에, 고객 만족도와 신뢰도를 높이는 결과로 이어졌다.

많은 사업자들이 AI를 인력 대체 수단으로 바라볼 때, 민쌤은 AI를 자신의 브랜드 정체성을 확장하고 증폭시키는 도구로 활용했다. 이는 단순히 비용 절감이나 효율성 증대를 넘어, 브랜드의 본질을 더 많은 접점에서 일관되게 전달할 수 있는 혁신적 방법론이었다.

1인 사업자, 소상공인을 위한 AX 청사진

민쌤 보험테라피 사례는 단지 기술 사용이 아닌 브랜드의 구조화, 영업의 자동화, 신뢰의 재설계라는 세 가지 축을 중심으로 구성된 1인 AX 실험이었다. 이 사례는 대규모 조직이 없어도 가능하고 거대한 자본이 없어도 시작할 수 있는 1인 기업 및 소상공인 AI 전환의 새로운 모델을 제시한다.

첫째, 브랜드의 구조화는 자신의 브랜드 가치와 아이덴티티를 명확히 정의하고 이를 AI 시스템이 이해하고 재현할 수 있는 형태로 구조화하는 과정이다. 민쌤은 자신의 언어적 패턴, 상담 철학, 시각적 정체성을 체계적으로 정리하여 AI에 학습시켰다. 이는 단순한 AI 활용 이상의, 자신의 브랜드 DNA를 디지털 형태로 추출하고 복제하는 작업이었다.

둘째, 영업의 자동화는 고객 여정의 각 단계를 AI 기술로 지원하여 효율성을 높이면서 인간 상담사의 개입이 가장 가치 있는 지점을 식별하는 것이다. 민쌤은 초기 고객 교육과 기본 정보 제공은 AI에 위임하고, 자신은 고객의 니즈를 심층적으로 이해하고 맞춤형 솔루션을 제안하는 핵심 단계에 집중했다. 이를 통해 양적 성장과 질적 성장을 동시에 추구할 수 있었다.

셋째, 신뢰의 재설계는 디지털 환경에서 고객과의 신뢰를 구축하는 새로운 방법론을 개발하는 것이다. 민쌤은 AI 아바타와 음성 클론을 통해 자신의 전문성과 가치관을 일관되게 전달함으로써, 디지털 공간에서도 인간적인 연결과 신뢰를 형성할 수 있음을 증명했다. 이는 전통적인 대면 상담에 의존하던 보험업계에 새로운 가능성을 제시하는 혁신이었다.

민쌤은 이 세 가지 축을 중심으로 자신의 AX 전략을 체계적으로 발전시켰고, 그 결과 1인 사업자임에도 불구하고 대형 보험사나 금융기관과 견줄 수 있는 디지털 브랜드 경험을 구축할 수 있었다. 그의 성공 사례는 많은 소상공인과 개인사업자들에게 AI 기술이 더 이상 대기업만의 전유물이 아니라는 희망적인 메시지를 전달했다.

자신의 브랜드 가치와 정체성을 명확히 정의하고 이를 AI 기술을 통해 일관되고 확장 가능한 형태로 구현하는 것이 진정한 AX의 출발점이라는 그의 메시지는 소상공인들과 1인 사업자들에게 AI 전환의 핵심이 최신 기술의 도입이 아니라 '어떻게 나를 구조화 할 것인가'에 있다는 점을 명확히 했다.

이 과정에서 중요한 것은 기술적 복잡성이나 초기 투자 비용이 아니라, 자신의 브랜드에 대한 깊은 이해와 명확한 비전이다. 민쌤은 자신이 전달하고자 하는 핵심 메시지 - "보험은 단순한 금융상품이 아닌 정신적 안정을 제공하는 정서적 치유"라는 가치 - 를 중심으로 모든 AI 활용 전략을 구성했다. 이는 기술 주도가 아닌 가치 주도의 접근법으로, 어떤 규모의 사업자도 적용할 수 있는 보편적인 원칙이다.

또한 민쌤의 사례는 AI 전환이 반드시 한 번에 완성되어야 하는 거대한 프로젝트가 아니라, 점진적으로 발전해 나갈 수 있는 여정임을 보여준다. 그는 ChatGPT를 활용한 텍스트 생성부터 시작하여 단계적으로 AI 아바타, 음성 클론, 자동화된 고객 응대 시스템으로 확장해 나갔다. 이러한 접근법은 제한된 자원을 가진 소상공인들도 자신의 상황과 우선순위에 맞게 AI 전환을 시작할 수 있음을 시사한다.

기술과 인간성의 조화: 혁신의 열쇠

민쌤의 AX 여정에서 가장 주목할 만한 점은 기술과 인간성 사이의 균형이다. 그는 AI 기술을 도입하면서도, 보험 상담의 본질인 '인간적 연결'과 '공감'을 결코 잃지 않았다. 오히려 AI를 활용하여 이러한 가치를 더욱 강화하고 확장시켰다. 예를 들어, 그의 AI 아바타는 단순히 정보를 전달하는 데 그치지 않고, 민쌤의 실제 상담에서 보여주는 따뜻함과 공감의 태도를 반영하도록 설계되었다. AI가 생성한 텍스트와 이미지에도 '치유'와 '안정'이라는 브랜드 핵심 가치가 일관되게 반영되었다. 이는 기술이 인간성을 대체하는 것이 아니라, 인간성을 확장하고 더 많은 사람들에게 전달하는 도구로 활용될 수 있음을 보여준다.

또한 민쌤은 AI를 활용하여 기계적이고 반복적인 업무를 자동화함으로써, 자신이 가장 가치 있는 활동 - 고객과의 깊은 대화, 맞춤형 솔루션 설계, 관계 구축 - 에 더 집중할 수 있게 되었다. 이는 AI 기술이 적절히 활용될 때, 비즈니스의 효율성뿐만 아니라 인간적 가치도 함께 향상시킬 수 있음을 보여주는 사례다.

민쌤은 이러한 균형을 유지하기 위해 명확한 원칙을 세웠다. "AI는 나의 목소리가 될 수 있지만, 나의 판단을 대신할 수는 없다"는 것이다. 이에 따라 고객의 재정 상황에 대한 최종 분석과 상품 추천은 반드시 민쌤 본인이 직접 수행했고, AI는 이 과정을 지원하는 역할에 머물렀다. 이러한 접근법은 AI 기술이 가진 한계를 인정하면서도 그 잠재력을 최대한 활용하는 현명한 전략이었다.

미래를 향한 지속적인 실험

민쌤의 AI 전환 여정은 현재도 계속 진행 중이다. 그는 기술의 발전과 고객 니즈의 변화에 맞춰 자신의 AX 전략을 지속적으로 업데이트하고 있다. 최근에는 AI 기반 개인화 추천 시스템을 개발 중인데 이를 통해 고객의 라이프스타일, 재정 상황, 위험 성향 등을 분석하여 더욱 맞춤화된 보험 솔루션을 제안하는 것을 목표로 하고 있다.

이는 보험 대리인 분 아니라 보험사(원수사)에게도 중요한 이정표를 제공한다. 민쌤은 AI 기술의 발전이 보험업계에 가져올 더 큰 변화도 예측하고 있다. 그는 "향후 5년 내에 보험 상담의 80%는 AI가 담당하게 될 것"이라고 전망하면서도, "그럼에도 불구하고 최종 결정과 신뢰 구축에 있어서는 여전히 인간 상담사의 역할이 중요할 것"이라고 강조한다. 이러한 비전을 바탕으로, 그는 AI와 인간이 각자의 강점을 살려 협력하는 미래형 보험 상담 모델을 선제적으로 구축해 나가고 있다.

민쌤은 테크 기업들과의 협력도 적극적으로 모색할 예정이다. 최근에는 한국의 AI 스타트업과 협력하여 보험 상담 특화 AI 모델을 개발하는 프로젝트를 진행할 계획이다. 이 모델은 보험 용어와 개념에 대한 이해도가 높고, 한국 보험 시장의 특성을 반영한 맞춤형 AI 시스템을 목표로 한다. 이러한 협력은 소상공인과 테크 기업 간의 상생 모델로서도 의미가 있다.

소상공인 AX의 새 지평을 열다

민쌤의 여정은 AI 기술을 통해 소상공인도 '규모의 경제'를 실현할 수 있음을 보여준다. 전통적으로 개인 사업자는 시간과 자원의 한계로 인해 서비스의 확장성에 제약이 있었다. 그러나 AI 기술을 통해 자신의 전문성과 브랜드 가치를 확장 가능한 디지털 자산으로 변환함으로써, 이러한 제약을 상당 부분 극복할 수 있게 되었다. 민쌤의 AI 아바타와 음성 클론은 24시간 작동하며 그의 부재 시에도 일관된 브랜드 경험을 제공할 수 있다. 이는 1인 사업자, 특히 서비스업 사업자에게 있어 혁명적인 변화다.

또한 그의 사례는 AI가 기존 산업의 진입 장벽을 낮추는 데 기여할 수 있음을 시사한다. 보험업계는 전통적으로 대형 회사와 대규모 영업조직이 지배하는 시장이었다. 그러나 AI 기술을 통해 개인 설계사도 대기업 수준의 브랜드 경험과 서비스를 제공할 수 있게 됨으로써, 이러한 구조적 불균형이 점차 해소될 가능성이 열렸다. 민쌤은 "AI는 소상공인에게 있어 '디지털 직원'이자 '규모의 경제를 실현하는 도구'"라고 표현한다.

한편, 민쌤의 접근법은 AI 윤리와 책임성에 대한 모범 사례이기도 하다. 그는 AI 기술을 도입하면서도, 고객 데이터의 보호와 AI 시스템의 투명성을 최우선으로 고려했다. 모든 AI 생성 콘텐츠에는 명확히 "AI 지원 생성 콘텐츠"임을 표시하고, 최종 검토와 책임은 항상 인간이 담당한다는 원칙을 세웠다. 이는 신기술 도입에 있어서 윤리적 고려가 비즈니스 성과와 상충하지 않으며 오히려 장기적인 신뢰 구축에 기여할 수 있음을 보여준다.

민쌤 보험테라피의 사례는 단지 한 개인의 성공 스토리를 넘어, 한국 경제의 중추인 소상공인들에게 AI 기술이 가져올 수 있는 가능성을 보여주는 시금석이다. 통계에 따르면 한국 경제 활동 인구의 상당수가 자영업자와 소상공인으로 구성되어 있으며 이들의 디지털 전환은 국가 경제의 미래와 직결된다. 특히 코로나19 팬데믹 이후 비대면 경제가 가속화되면서, 소상공인들의 디지털 역량은 생존과 직결되는 문제가 되었다. 그러나 많은 소상공인들은 여전히 디지털 전환의 높은 진입 장벽과 기술적 복잡성에 어려움을 겪고 있다. 이러한 상황에서 민쌤의 사례는 AI 기술이 접근성 높고 실용적인 방식으로 활용될 수 있음을 보여주는 동시에 소상공인 디지털 전환의 현실적인 모델을 제시한다.

나아가 이러한 소상공인 중심의 AX는 기술 발전의 혜택이 사회 전반에 고루 분배되는 '포용적 기술 발전'의 중요한 사례가 될 수 있다. AI 기술이 대기업과 플랫폼 기업에 집중되어 양극화를 심화시킬 것이라는 우려가 있지만, 민쌤의 사례는 이러한 기술이 소상공인의 경쟁력 강화와 시장 다양성 유지에 기여할 수 있음을 보여준다.

민쌤은 자신의 경험을 바탕으로 "AI는 더 이상 미래의 기술이 아니라, 오늘날 모든 사업자가 고려해야 할 필수적인 도구"라고 강조한다. 그는 다른 소상공인들에게 "기술 그 자체보다는 자신의 브랜드와 가치를 명확히 하는 것이 먼저"라는 조언을 전한다. 이는 기술 주도가 아닌 '가치 주도의 AI 전환'이 성공의 열쇠임을 시사한다.

결론: 브랜드와 기술의 새로운 공생 관계

민쌤 보험테라피의 AI 전환 여정은 기술과 브랜드, 효율성과 인간성이 상충하는 개념이 아니라 서로를 강화할 수 있는 상호보완적 요소임을 보여준다. 그의 성공은 단순한 기술적 혁신이 아니라 브랜드의 본질에 대한 깊은 이해와 명확한 비전이 있었기에 가능했다.

1인 보험설계사라는 제한된 조건 속에서도 민쌤은, AI 기술을 통해 자신의 브랜드를 확장하고 재정의했다. 그의 사례는 디지털 전환의 본질이 '기술 도입'이 아닌 '브랜드의 재구성'에 있음을 일깨워준다. 이는 규모나 자본의 크기와 관계없이, 모든 비즈니스가 AI 시대에 고려해야 할 핵심 인사이트다. 민쌤의 AX 실험은 여전히 진행 중이다. 그는 계속해서 새로운 AI 기술을 탐색하고, 자신의 브랜드를 더욱 정교하게 디지털화하는 과정에 있다. 그러나 그의 여정이 이미 증명한 한 가지 사실은 분명하다. AI 전환은 더 이상 대기업의 특권이 아니며, 창의적이고 명확한 비전을 가진 소상공인들에게도 열려있는 기회라는 것이다. 이것이 민쌤 보험테라피 사례가 한국의 모든 소상공인과 1인 사업자들에게 전하는 가장 중요한 메시지다.

제 6장 산업 종류별 AX 실행 전략

6. 1. 제조업: 자동화의 종착지는 판단이다

제조업은 가장 먼저 자동화를 받아들인 산업이다. 컨베이어 벨트, 산업용 로봇, MES 시스템, ERP와 같은 기술들이 오랜 시간 현장을 최적화해왔다. 이 산업의 언어는 효율이고, 목표는 품질의 일관성이다. 반복적인 공정은 자동화되었고, 시간은 초 단위로 쪼개져 측정된다. 그런데도 여전히 많은 의사결정은 사람의 감에 의존한다. 왜 그럴까?

그 이유는 간단하다. '판단'이라는 영역은 지금까지 기술이 침범할 수 없었던 인간 고유의 작업이었기 때문이다. 데이터는 존재했지만, 그것이 의미로 전환되는 과정은 인간의 몫이었다. 불량을 판별하는 마지막 시선, 공정 변경의 타이밍을 읽는 감각, 설비의 이상을 '느끼는' 베테랑의 손끝. 이 판단은 정량화되기 어려웠고, 그래서 자동화될 수 없었다.

그러나 이제, AI는 그 영역으로 들어오고 있다. 센서는 실시간으로 공정의 미세한 변화를 감지하고, 알고리즘은 과거 수천만 건의 데이터를 분석해 결정을 제안한다. AI는 데이터를 단지 기록하는 것이 아니라 해석하고, 예측하며, 판단하는 주체가 되어가고 있다. 이때 조직은 중대한 전환점을 맞는다. 반복은 이미 자동화되었다. 이제 '판단'까지 기계가 할 수 있다면, 인간은 무엇을 해야 하는가?

이 질문이 제조업의 AX에서 가장 중요한 철학적 논점이다. 그리고 이 질문에 답하지 못한 조직은 기술을 도입하고도 여전히 과거에 머물게 된다. 현장의 오퍼레이터는 AI의 경고를 믿지 못해 여전히 육감을 따르고, 팀장은 데이터를 해석하는 대신 감각으로 일정을 조정하며, 조직은 자동화는 되었다고 말하지만 결정은 여전히 사람의 몫이라는 자기모순에 갇힌다.

제조업의 AX는 그래서 기술의 문제가 아니다. 그것은 '판단'이라는 행위를 조직 내에서 누구에게 맡길 것인가에 대한 문제다. 판단을 기계에 넘긴다는 것은 단지 AI를 신뢰하겠다는 말이 아니라, 조직의 운영원리 자체를 재설계하겠다는 선언이다. 결국 이 전환을 가능케 하는 것은 AI가 아니라, 그 AI에 판단을 위임할 수 있는 인간의 용기다.

BMW는 독일을 대표하는 고급 자동차 제조사이며, 산업 자동화의 선두 주자 중 하나다. 이 기업은 이미 수십 년 전부터 로봇, MES,

ERP 시스템을 도입하며 효율과 품질의 일관성을 확보해왔다. 하지만 BMW가 최근 도전하고 있는 것은 한 차원 더 높은 자동화다. 바로 인간의 고유 영역이라 여겨졌던 '판단'을 기계가 대신하는 것, 즉 AI에 판단을 위임하는 것이다.

이전까지 제조 현장에서 '판단'은 사람의 몫이었다. 특히 새로운 차량 모델을 생산할 때 기존의 공정을 어떻게 바꾸어야 할지, 생산라인에 어떤 부품이 언제 투입되어야 할지, 품질 문제가 발생할 가능성이 있는 공정은 어디인지 등을 결정하는 것은 베테랑 엔지니어의 경험과 직관에 의존했다. 하지만 BMW는 이 감각적인 판단 과정을 디지털 트윈(Digital Twin)과 AI 알고리즘을 통해 구조화하고 자동화하는 데 성공했다.

BMW는 NVIDIA의 'Omniverse' 플랫폼을 활용하여, 실제 공장을 디지털로 완벽하게 복제한 가상 공간을 만들었다. 이 디지털 트윈 상에서는 생산 설비의 구조, 자재 흐름, 인력 배치, 로봇 동선 등이 현실과 똑같이 시뮬레이션 된다. 중요한 점은, 이 시스템이 단순한 3D 시각화 도구가 아니라는 것이다. 여기에 AI가 접목되면서 디지털 트윈은 '판단하는 공장'이 되었다.

AI는 과거 생산 이력 수천만 건을 학습하여, 특정 생산 조건에서 불량률이 높아지는 패턴이나, 설비 고장이 반복되는 시점을 예측한다. 나아가 새로운 모델을 생산하기 위해 라인을 조정할 때, 어떤 순서로 어떤 설비를 재배치해야 가장 효율적인지를 제안한다. 예전에는 작업자가 수기로 작성하던 생산 계획서가, 이제는 AI가 실시간 데이터에 기반해 수십 가지 시나리오를 제시하고 그 중 최적안을 계산해낸다.

BMW는 또 하나의 판단 자동화 사례로 설비 예지보전 시스템을 운영하고 있다. 과거에는 설비의 미세한 이상을 감지하는 것이 숙련공의 감각에 의존했다. 그러나 지금은 수천 개의 센서가 라인 전체를 실시간으로 감시하고, AI는 그 신호를 분석해 '아직 문제가 발생하지 않은' 시점에서 고장을 예측한다. 실제로 이 시스템을 도입한 이후, BMW는 유지보수 비용을 20% 이상 절감하고 생산 중단 사고를 절반 이하로 줄였다.

이 모든 변화는 단순히 '기계를 더 똑똑하게 만든 것'이 아니다. 이는 조직이 판단의 주체를 인간에서 AI로 이양하는 거대한 철학적 전환이다. 판단을 기계에 맡긴다는 것은, 단순히 기술을 믿는 것을 넘어 조직 내 권한 구조, 책임 구조, 심지어는 의사결정 방식 자체를 바꾸겠다는 선언이다.

물론 이러한 전환이 쉽게 이뤄지는 것은 아니다. 실제로 초기에는 AI의 경고를 무시하고 '예전처럼' 판단하려는 습관이 문제였다. 하지만 BMW는 이를 극복하기 위해 AI 시스템의 투명성, 설명력, 피드백 체계를 강화하고 직원 교육을 병행했다. 판단의 결과가 정확하고 반복적으로 성공 사례가 축적되면서 점차 신뢰가 쌓였고, 지금은 대부분의 오퍼레이터와 팀장들이 AI를 '결정권자'로 받아들일 수 있는 분위기가 되어 있다고 전해진다.

BMW는 이제 공정 효율과 품질 안정성 외에도 '판단 자동화'라는 새로운 경쟁력을 확보했다. 그리고 이 사례는 다른 제조 기업들에게도 중요한 메시지를 던진다. AI 시대의 자동화는 단순한 반복 작업이 아니라 판단과 결정의 문제이며, 그 전환을 이끌 수 있는 용기와 리더십이 제조업의 진정한 혁신을 완성한다는 것이다.

6. 2. 서비스업: 관계의 기술에서 예측의 기술로

서비스업은 오랫동안 인간 중심의 산업으로 여겨져 왔다. 고객 응대, 전화 상담, 예약 스케줄링, 컴플레인 처리까지 모든 과정은 사람의 감정과 센스에 의해 이루어졌고, 그것이 곧 서비스의 질을 결정한다고 믿어졌다. 하지만 문제는 바로 그 인간성이 '불균질함'이라는 이름으로 고객의 불만을 유발하고 있다는 데 있다. 친절한 직원이 있는 날은 서비스 만족도가 높고, 감정노동에 지친 날은 클레임이 폭주한다. 고객은 인간성을 기대하면서도 그것의 불확실성을 감내하지 못한다.

이 지점에서 AX는 서비스업에 새로운 제안을 한다. 반복되는 응대는 AI에게 맡기고 인간은 감정 소진 없는 고차원 업무에 집중하라는 것이다. 단적으로, 고객 문의의 70%는 정형화된 패턴을 따른다. 이들은 챗봇이나 음성 비서로 대체 가능하다. 예약, 변경, 환불, 기본 정보 안내 등은 사람이 처리할 이유가 없는 영역이다. 이렇게 되면 고객은 24시간 안정적이고 일관된 응대를 경험하게 되고, 직원은 감정노동에서 해방되어 창의적 문제 해결에 집중할 수 있다.

서비스업의 본질은 '관계'에서 '예측'으로 이동하고 있다. 고객이 무엇을 원할지 미리 알고 준비하는 것, 불만이 터지기 전에 차단하는 것, 불확실한 감정 대신 확실한 데이터를 기반으로 행동하는 것. 이 새로운 서비스의 정의는, 기술이 아니라 조직이 어떻게 사람과 시스템을 재구성할 것인가의 문제다. AX는 서비스의 품질을 사람의 감정이 아니라 조직의 구조로 끌어올리는 전략이다.

'롯데온'은 롯데그룹이 야심 차게 출범시킨 통합 온라인 쇼핑 플랫폼이다. e커머스 시장에서의 치열한 경쟁 속에서, 단순한 가격 경쟁이나 상품 다양성만으로는 고객의 충성도를 확보하기 어려운 시대가 되었다. 특히 고객 응대는 브랜드 인식에 큰 영향을 미치는 핵심 접점이지만 동시에 가장 많은 변수가 존재하는 영역이기도 하다. 어떤 날은 응대 속도가 빠르고 친절하지만 또 어떤 날은 상담 대기 시간이 길고 피로한 목소리의 상담원이 클레임을 키우는 경우도 생긴다. 고객이 기대하는 것은 언제나 똑같은, 일정 수준 이상의 서비스 품질이지만 그 일관성을 사람만으로 구현하는 데에는 분명한 한계가 있다.

이 문제를 정면으로 바라본 롯데온은 AI 기술을 서비스 품질의 중심에 두는 전략을 선택했다. 특히 고객센터에 집중되어 있던 반복적인 문의 대응 업무를 AI 챗봇으로 전환하면서, '예측 가능한 응대'와 '정서적 소진 없는 운영'이라는 두 마리 토끼를 잡고자 했다. 이를 위해 롯데온은 국내 AI 전문 기업인 업스테이지와 손잡고, 자사 고객 데이터를 기반으로 고도화된 AI 챗봇 시스템을 구축했다. 이 챗봇은 단순한 키워드 매칭 수준을 넘어서, 문의의 맥락을 파악하고 이전 대화 이력과 고객 정보까지 반영해 응답의 톤과 내용을 조절한다. 예약 변경, 환불 요청, 배송 조회 같은 자주 반복되는 문의는 이제 거의 모든 시간대에 자동으로 처리된다.

고객 입장에서는 상담 인력을 기다릴 필요 없이 언제든 즉각적이고 일관된 응대를 받을 수 있다는 점에서 만족도가 높아졌다. 무엇보다 사람이 응대할 때처럼 감정에 따라 품질이 요동치지 않기에 서비스에 대한 신뢰가 향상됐다. 반면 직원 입장에서는 반복적이고 감정 노동이 큰 업무에서 해방되면서 보다 고차원적인 응대, 예컨대 클레임 조정이나 정서적 공감이 필요한 상황에 대한 대응 그리고 고객 이탈 방지 전략 수립 등에 집중할 수 있게 되었다.

롯데온은 AI의 역할을 챗봇에만 국한하지 않았다. 고객 행동 데이터를 수집하고 분석해 선제적인 예측 기반 서비스로 확장해 나갔다. 고객이 어떤 페이지에서 자주 머무는지, 어떤 키워드로 검색했는지, 어떤 시간대에 어떤 상품을 장바구니에 담고 구매를 망설였는지 분석한 결과, 개별 고객에 맞춘 초개인화 상품 추천이 가능해졌다. 이를 통해 고객은, 자신이 필요할지도 몰랐던 상품을 먼저 만나게 되고 구매 결정 과정에서 불필요한 탐색 단계를 줄이게 된다. 이것이야말로 기술이 '관계'보다 한 발 앞선 '예측'의 영역으로 서비스를 끌어올리는 방식이다.

결국 롯데온이 시도한 변화는 단순히 업무 자동화나 효율화를 넘어선다. 이는 조직이 사람과 시스템의 관계를 재설계하고, 서비스의 정의 자체를 새롭게 정립한 사례다. '좋은 서비스는 친절한 직원이 만들어낸다'는 과거의 정의는 이제 '좋은 구조가 좋은 경험을 만든다'는 새로운 정의로 대체되고 있다. AX 전략이 말하는 바는 바로 이것이다. 감정에 흔들리는 서비스를 넘어서, 언제나 예측 가능하고 일관되며 데이터에 기반한 구조적 서비스가 미래의 기준이 된다는 것이다.

이러한 변화는 내부적으로도 많은 저항과 실험을 동반했다. 일부 고객은 여전히 사람과의 대화를 선호했고, 직원 중 일부는 '챗봇이 내 일자리를 대체하지 않을까' 하는 불안을 느꼈다. 롯데온은 이에 대해 고객과 직원 모두를 대상으로 한 피드백 시스템을 마련하고 챗봇이 아닌 '스마트 조력자'로서의 AI의 위치를 명확히 규정했다. 그 결과, AI는 인간의 경쟁자가 아닌 협력자로 자리잡았고 조직 전체의 응대 품질과 생산성이 균형 있게 상승하는 효과를 가져왔다.

롯데온의 사례는 서비스업이 기술을 도입할 때, 그것이 단순히 '도구'로 끝나지 않고 조직의 구조와 철학을 바꾸는 기폭제가 될 수 있음을 보여준다. 관계의 기술이 예측의 기술로 옮겨가는 전환점에서, 누가 먼저 그 구조를 바꾸는가에 따라 미래의 고객 충성도와 브랜드 신뢰도는 극명하게 갈릴 것이다.

6. 3. 유통/커머스:
고객 데이터를 보지 않고, 고객을 이해한다는 착각

유통업은 데이터를 가장 많이 보유한 산업 중에 하나다. 고객의 구매 이력, 클릭 경로, 장바구니 이탈률, 재방문 주기까지 모든 것이 수치로 남는다. 그런데 정작 유통 기업들은 점점 더 고객을 모른다고 느낀다. 그 이유는 간단하다. 데이터를 '가지고 있는 것'과 '이해하고 있는 것'은 전혀 다른 문제이기 때문이다.

AX는 이 산업에 다음과 같은 본질적 질문을 던진다. "당신은 고객의 행동을 보고 있는가, 아니면 고객을 이해하고 있는가?" 지금까지의 유통업은 데이터를 수집하는 데 몰두했지만, 그것을 조직적 학습과 전략적 실행으로 연결하지 못했다. 마케팅 자동화 도구는 늘었지만, 그 도구는 여전히 누군가의 감각적인 인사이트에 기대야만 작동했다.

AI는 이 불균형을 재편할 수 있다. 고객의 행동 데이터를 AI가 실시간으로 학습하고, 이탈 가능성을 예측하며, 맞춤형 콘텐츠를 자동 생성하는 구조. 이러한 시스템이 조직 안에 내재화될 때, 유통은 더 이상 '캠페인 중심 조직'이 아니라 '고객 중심 조직'이 된다. 고객 데이터를 분석하는 것이 아니라 고객의 의도를 예측하고 행동을 설계하는 조직으로 진화하는 것이다.

결국 유통업에서 AX의 핵심은 기술 도입이 아니라 질문의 전환에 있다. "우리는 지금 무엇을 알고 있고, 무엇을 알고 있다고 착각하는가?" 이 질문에 명확히 답하지 못하는 조직은 데이터를 가지고도 고객을 잃는다. 반대로 이 질문을 진지하게 다루는 조직은 AI를 통해 비로소 고객을 이해하기 시작한다.

'Zalando'는 유럽을 대표하는 온라인 패션 리테일러로, 방대한 고객 데이터를 보유하고 있음에도 불구하고 고객의 진정한 니즈를 파악하고 이를 마케팅 전략에 효과적으로 반영하는 데 어려움을 겪고 있었다. 이는 단순히 데이터를 수집하는 것과, 그 데이터를 통해 고객을 깊이 있게 이해하는 것 사이의 간극에서 비롯된 문제였다.

이러한 문제를 해결하기 위해 Zalando는 AI 기술을 적극적으로 도입하였다. 특히, 생성형 AI를 활용하여 마케팅 캠페인에 필요한 콘텐츠를 자동으로 생성하고 이를 통해 빠르게 변화하는 패션 트렌드에 신속하게 대응할 수 있게 되었다. 결과적으로, 이미지 제작 기간이 6~8주에서 3~4일로 단축되었고, 비용도 90% 이상 절감되었다는 공식 발표가 있다.

또한, Zalando는 AI를 활용하여 고객의 행동 데이터를 실시간으로 분석하고, 이를 기반으로 고객의 이탈 가능성을 예측하며, 맞춤형 콘텐츠를 자동으로 생성하는 시스템을 구축하였다. 이를 통해 고객의 구매 이력, 검색 패턴, 장바구니 이탈률 등을 종합적으로 분석하여 각 고객에게 최적화된 상품 추천과 마케팅 메시지를 제공할 수 있게 되었다.

이러한 AI 기반의 개인화 마케팅 전략은 고객의 참여도와 ROI를 크게 증가시키는 효과를 가져왔으며, 이는 곧 매출 상승으로 이어졌다.

Zalando의 사례는 유통 및 커머스 산업에서 AI를 활용하여 고객 데이터를 단순히 보유하는 것을 넘어, 이를 실질적으로 이해하고 활용함으로써 고객 중심의 조직으로 전환할 수 있음을 보여준다. 이는 단순한 기술 도입을 넘어 조직의 운영 원리와 전략 자체를 재설계하는 과정이며, 이러한 전환을 통해 기업은 더욱 깊이 있는 고객 이해와 맞춤형 서비스를 제공할 수 있게 된다.

6. 4. 금융/보험: 확률의 산업에서 신뢰의 기술로

금융과 보험은 본질적으로 '확률'의 산업이다. 모든 상품은 가능성과 리스크를 전제로 설계되며, 고객의 과거와 미래를 수치화 하는 작업이 핵심이다. 그러나 이 산업은 역설적으로, 가장 많은 데이터를 다루면서도 그 데이터를 '사람의 직관'에 의존해 해석해 왔다. 심사자는 경험을 기준으로 리스크를 판단하고, 설계사는 감에 따라 고객 니즈를 유추하며, 영업 관리는 과거 수치를 보며 미래를 예측하려 한다.

AX는 이 반복적 해석 구조에 정면으로 도전한다. AI는 수천만 건의 청구 데이터를 분석해 사고율을 예측하고, 고객의 디지털 흔적을 조합해 보험 상품 추천 가능성을 계산하며, 신용 스코어와 비정형 정보까지 결합해 대출 위험을 판별한다. 이때 중요한 건 단지 정확도가 아니라 '일관성과 투명성'이다. 사람이 만든 룰은 사람마다 다르고 기준은 상황에 따라 흔들리지만, 알고리즘은 같은 데이터를 같은 방식으로 처리한다.

이 변화는 금융 조직의 역할 자체를 바꾼다. 설계사는 상품을 파는 사람이 아니라, AI가 제안한 시나리오를 고객의 상황에 맞춰 조율하는 조정자가 된다. AI 기반 언더라이팅 시스템 도입 및 그 효과에 대한 근거는 보험업계 전반에서 명확히 확인된다. 보험 및 재보험 업계는 AI와 빅데이터를 활용해 청구 데이터를 분석하고, 사고율을 예측하며, 고객의 디지털 흔적(행동 데이터)을 조합해 보험 상품 추천 가능성을 계산하는 시스템을 도입하고 있다.

실제로, 삼성생명, 한화생명, 교보생명 등 국내외 보험사들은 AI 기반 언더라이팅 시스템을 도입해 가입 심사 과정을 자동화하고, 위험 평가의 정확성과 효율성을 높이고 있다. AI 기반 언더라이팅 시스템은 대량의 데이터를 신속하게 분석해 보험 인수 심사 시간을 단축하고, 인간의 감정적 판단 오류를 줄여 리스크 판단의 일관성과 투명성을 높인다.

프랑스 재보험사 스코르(SCOR)도 가상 언더라이팅 시스템을 통해 빅데이터 분석으로 예상 손해율을 산출하고 질병별 인수 기준을 세분화해 유병자 등 가입이 어려웠던 고객에게도 보험 가입 기회를 확대하고 있다. 뿐만 아니라 중국 핑안보험, 일본 오릭스생명 등 해외 보험사들도 AI 기반 언더라이팅 시스템을 도입해 보험 상품 추천, 사고율 예측, 리스크 평가의 정확성 향상 등 유사한 효과를 보고 있다. 나아가 IBM, Pacific Life Re 등 글로벌 기업들 역시, AI가 언더라이팅 프로세스를 강화하고 자동화를 촉진하며 기존 방식을 혁신할 잠재력이 있다는 데에 동의한다.

결국, 금융 및 보험 산업에서의 AI 도입은 단순한 디지털화가 아니라, 조직 윤리와 신뢰의 새로운 정의를 의미한다. 고객은 더 이상 상품이 아닌 '설명 가능한 기준'을 요구하고, 직원은 더 이상 감이 아닌 '구조화된 책임'을 갖게 된다. 조직이 '판단하는 사람'의 집합에서 '판단을 설계하는 시스템'으로 이행하게 되는 것이다. 이러한 전환은 금융 산업을 더 정교하게 만들면서도, 동시에 더 인간적으로 만드는 변화라고 할 수 있다.

6. 5. 교육: 지식 전달에서 학습 설계로

교육은 오랫동안 '전달'의 산업이었다. 교사가 중심에 서서 정보를 제공하고, 학생은 그것을 수용하는 구조. 하지만 지금의 학습자는 더 이상 일방적인 지식 수신자에 머물지 않는다. 학습자는 스스로 경로를 탐색하고, 개인의 수준과 속도에 맞춘 콘텐츠를 원한다. 이 변화는 교사 중심에서 학습자 중심으로의 구조 전환을 요구한다. 그러나 대부분의 교육 조직은 아직도 동일한 교안, 동일한 속도, 동일한 평가 기준을 유지하고 있다.

AX는 교육 현장의 가장 큰 패러다임을 뒤흔든다. 그것은 '누가 가르칠 것인가'가 아니라 '어떻게 학습할 것인가'에 대한 질문을 중심에 놓는다. AI는 개별 학습자의 이해도, 반응 속도, 오류 패턴을 분석해 맞춤형 콘텐츠를 실시간으로 제안할 수 있다. 자동 채점, 학습 진단, 반복 추천, 복습 전략까지도 알고리즘이 설계한다. 이때 교사의 역할은 '지식 전달자'에서 '학습 경험 설계자'로 바뀐다.

이 변화는 단지 수업 방식의 변화가 아니다. 그것은 교육의 정의 자체를 다시 쓰는 일이다. 교사의 권위는 '지식을 얼마나 알고 있는가'가 아니라 '어떻게 가이드를 구성하는가'로 이동하고, 학생의 성장은 점수보다 '자기주도적 피드백 루프'의 질에 의해 결정된다. 교육의 주체가 바뀌고, 그 관계가 재구성되며, 궁극적으로는 '지성의 구조' 자체가 달라진다.

AX는 교육을 더 개인화하고, 더 공정하게 만들 수 있는 기회를 제공한다. 다만 그 전제는, 교사와 교육기관이 AI를 도입하는 기술적 준비가 아니라, 학습을 어떻게 다시 설계할지를 묻는 철학적 질문에 있다.

덴마크의 에듀테크 스타트업 Alice.Tech(앨리스닷테크)는 이 변화에 정면으로 응답한 기업이다. 이들은 교육이 더 이상 '가르치는 자 중심'이 아니라, '학습하는 자 중심'으로 전환되어야 한다는 철학을 바탕으로, AI 기반 개인 맞춤형 학습 플랫폼을 만들었다. 단순히 콘텐츠를 디지털화 하거나, 문제은행을 자동화하는 수준이 아니다. Alice.Tech는 학생 각자의 이해도, 반응 속도, 학습 오류 패턴을 실시간으로 분석하여, 그 순간에 가장 적절한 학습 콘텐츠를 자동으로 구성해낸다.

학생이 특정 개념을 이해하지 못하고 있다는 패턴이 포착되면, AI는 그 개념을 설명하는 요약 콘텐츠를 제시하고, 학습 효과를 높이기 위한 짧은 퀴즈나 시각 자료, 그리고 반복 복습 계획까지 자동으로 제안한다. 플래시카드, 요약 정리, 그래프 기반의 시각 콘텐츠까지 모두 그때그때 학생 맞춤형으로 생성된다. 마치 한 명의 개인 튜터가 옆에 붙어서 실시간으로 학습을 설계해주는 느낌이다.

이 플랫폼을 통해 교사의 역할도 완전히 달라진다. 더 이상 칠판 앞에서 설명하는 사람이 아니라, AI가 제시한 학습 경로를 기반으로 학생의 전반적인 학습 경험을 설계하고 조율하며 동기를 부여하는 '코치'가 된다. 특히 Alice.Tech는 교사에게 AI가 제안한 콘텐츠의 배경 데이터와 학습 진단 리포트를 함께 제공하여, 교사가 학습의 흐름을 맥락적으로 이해하고 개입할 수 있도록 설계했다.

결국, 이 기술이 의미하는 바는 단순히 수업 방식을 바꾸는 것을 넘어서 교육의 정의 자체를 다시 쓰는 것이다. 예전에는 '많은 지식을 알고 있는 교사'가 우수한 교사였다면, 이제는 '학생에게 맞는 학습을 설계할 수 있는 교사'가 그 자리에 선다. 학생도 마찬가지다. 더 이상 점수 몇 점이 전부가 아니라, 자신이 무엇을 알고 있고 무엇을 모르며 어떻게 복습해야 하는지를 알고 행동하는 자율성이 중요해진다. 이는 곧 '자기주도적 피드백 루프'의 질로 성장을 측정하게 된다는 뜻이다.

Alice.Tech는 현재 유럽 여러 교육 기관과 협력하고 있으며, 고등 교육 뿐 아니라 중등 및 성인 학습 시장으로도 그 기술을 확대하고 있다. 이들은 학습에서 '표준화'를 없애고 '개별화'를 극대화하는 것이 교육의 공정성과 효율성을 동시에 높일 수 있다고 본다. 그리고 그 가능성을 AI가 현실로 만들고 있다.

이 사례가 주는 가장 중요한 메시지는 AX 시대의 교육 혁신은 기술을 도입하는 문제가 아니라, 학습이란 무엇인가를 새로 묻는 철학의 문제라는 것이다. AI는 그 물음에 실질적인 답을 제시할 수 있는 도구이고, 그 도구를 쥐고 어떤 구조를 만들 것인가에 대한 책임은 여전히 사람에게 있다.

6. 6. 헬스케어: 생명을 다루는 산업에 기술이 개입할 때

헬스케어는 인간의 가장 본질적인 가치, 즉 생명과 건강을 다루는 산업이다. 이 분야는 기술 도입에 가장 신중해야 하지만, 동시에 가장 절실히 기술을 필요로 하는 곳이기도 하다. 의사와 간호사의 감각, 의료진의 판단력, 환자와의 신뢰가 중심이던 의료 현장은 이제 점점 더 복잡한 정보와 방대한 데이터를 다뤄야 하는 구조로 바뀌고 있다. 문제는 이 정보의 양이 인간의 해석 능력을 이미 초과하고 있다는 데 있다.

AX는 헬스케어에 질문을 던진다. "우리는 환자를 더 잘 이해하고 있는가, 아니면 데이터를 더 많이 쌓고 있을 뿐인가?" AI는 문진 기록에서 증상의 패턴을 추출하고, 의료기기 데이터를 실시간 분석하여 이상 징후를 예측하며, 환자 행동 데이터를 통해 재입원 가능성을 산출할 수 있다. 이러한 기능은 의료진이 직접 수행하기엔 너무 방대하고 너무 반복적이며 너무 긴급하다. 결국 AI는 '보조도구'가 아니라 '동료 분석가'로 기능하게 된다.

역시, 이 전환은 단순한 자동화가 아니다. 의료는 단지 진단이 아니라 '결정의 윤리'를 포함하는 행위다. AI가 내린 예측이 진단이 되려면, 그 예측의 근거와 해석이 환자와 의료진 모두에게 신뢰받아야 한다. AX는 그래서 헬스케어에서 가장 높은 수준의 투명성과 설명가능성(explainability)을 요구한다. 생명을 다룬다는 이유만으로 기술 도입을 유보할 것이 아니라, 바로 그 이유 때문에 기술을 더 인간 중심적으로 설계해야 한다는 명제를 받아들여야 한다.

AX는 헬스케어를 '정확한 산업'으로 만들려는 것이 아니다. 그것은 환자를 더 인간적으로 이해하고, 의료진의 판단을 더 책임 있게 구성하기 위한 철학적 전환이다. 기술이 생명을 대신할 수는 없지만, 생명에 더 가까이 다가갈 수 있도록 돕는 동반자가 될 수는 있다.

이 지점에서 캐나다에서 개발된 FaceAge라는 AI 기반 얼굴 분석 기술은 매우 중요한 시사점을 던진다. 이 도구는 환자의 얼굴 이미지를 기반으로 '생물학적 나이'를 추정한다. 언뜻 단순해 보이지만, 여기서의 '생물학적 나이'란 단지 나이를 맞추는 것을 넘어서 환자의 신체 상태가 실제 나이에 비해 얼마나 더 늙었는지 또는 젊은지를 수치화한 척도다. 암 환자나 중증 질환자가 생물학적으로 몇 살로 판단

되는지는, 그들의 생존 가능성과 치료 반응 예측에 있어 결정적인 데이터가 될 수 있다.

FaceAge는 5만 9천 장의 건강한 사람 얼굴 이미지를 기반으로 훈련되었으며, 이후 6천 명 이상의 암 환자 데이터를 바탕으로 그 정확성을 검증받았다. 특히, 완화 방사선 치료를 받고 있는 환자군에서 이 AI의 예측 모델은 눈에 띄는 성과를 보였다. 기존에는 의료진이 주관적인 경험과 검사 수치를 조합해 환자의 6개월 생존 가능성을 추정했지만, 이 방법은 정확도가 낮았다. 반면 AI 기반 예후 예측 모델이 의료진의 주관적 판단보다 더 높은 정확도를 보인 사례는 여러 논문에서 보고되고 있는데, 일부 연구에서는 AI가 암 환자 생존 예측에서 70~80%대의 정확도를 보인 바 있다. 단순히 기계가 사람보다 낫다는 이야기가 아니다. 문제는 그 예측이 일관되고, 설명 가능하며, 반복해서 신뢰할 수 있다는 데 있다.

이 사례는 의료 현장에서 AI가 단순한 '보조 도구'를 넘어서 '의료진의 동료 분석가'로 기능할 수 있음을 보여준다. 의료진은 여전히 환자와 소통하고, 환자의 정서와 삶의 맥락을 고려해 궁극적인 결정을 내리지만, 그 결정의 기반이 되는 정보의 수집과 분석, 그리고 패턴 인식은 이제 AI가 훨씬 더 빠르고 정확하게 해낼 수 있는 시대가 온 것이다.

하지만 여기서 중요한 것은 기술이 아니라, 그 기술을 어떤 철학으로 의료 현장에 들여오는가다. AI가 생존 예측을 했다고 해서 그것이 그대로 '진단'이 되는 것은 아니다. 그 예측이 어떤 데이터를 바탕으로 만들어졌는지, 어떤 알고리즘이 어떤 과정을 통해 결론에 도달했는지를 의료진과 환자가 함께 이해할 수 있어야 한다. 이때 필요한 것이 바로 '설명 가능성(explainability)'이다. 의료가 단지 정답을 찾는 것이 아니라, 그 정답에 이르는 과정의 윤리성과 신뢰성을 요구하는 이유이기도 하다.

FaceAge는 아직 초기 단계의 기술이지만, 이 사례가 주는 메시지는 분명하다. 생명을 다루는 헬스케어에서 기술이 역할을 가지려면, 단순한 정밀함을 넘어서 인간 중심의 설계가 전제되어야 한다는 것. 그것은 AI가 진료실을 대신한다는 뜻이 아니다. 오히려 의료진이 더 책임 있는 판단을 내릴 수 있도록, 환자를 더 깊이 이해할 수 있도록 곁에서 돕는 책임감 있는 동반자가 되어야 한다는 의미다.

결국 헬스케어 분야의 AX란, 더 빠르고 정확한 시스템을 만드는 일이 아니다. 그것은 기술이 인간을 대신하지 않으면서도, 인간보다 더 넓고 깊게 생명을 이해하는 과정에 함께 개입할 수 있도록 만드는 것이다. 그리고 그러한 기술은 의료를 더 인간적으로, 더 신뢰할 수 있는 구조로 바꾸는 데 기여하게 될 것이다.

[케이스스터디]
AI 기반 스타트업의 비즈니스 모델 혁신

사례기업은 '아이디자인랩'이다. IDESIGN LAB은 2017년 10월에 설립된 에듀테크 스타트업으로, 인공지능(AI)과 게이미피케이션을 기반으로 한 글로벌 한국어 교육 플랫폼 FunPik(펀픽)을 개발 및 운영하고 있는 직원 10명 이내의 스타트업이다. 이 회사는 한국어 학습 어플리케이션인 펀픽(FunPik)으로 교육업계 AX 혁신의 새로운 패러다임을 만들어냈다.

중소기업이 AI를 도입할 때 가장 먼저 부딪히는 질문은 이것이다. "우리 같은 규모에서, 이걸 정말 할 수 있을까?" 아이디자인랩은 이 질문에 정면으로 맞선 회사다. 외국인을 위한 한국어 교육 플랫폼 FunPik은 그들의 실험실이자 회사의 성장이 AX 구현 그 자체. 특히 이 회사는 AI가 지금처럼 세간에 오르내리기 전인 2019년부터 적극적으로 AI를 도입하고 MLOps(기계학습 운영)를 실천했으며 AI에 기반한 기업의 가치와 방향성을 정립했다는 점에서 눈길을 끈다.

교육 분야는 전통적으로 보수적인 산업으로 인식되어 왔다. 특히 언어 교육은 교사와 학생 간의 직접적인 상호작용이 필수적이라는 고정 관념이 강했다. 그러나 디지털 전환과 AI 기술의 발전으로 교육 패러다임이 근본적으로 변화하고 있다. 이런 환경에서 아이디자인랩은 "어떻게 하면 AI를 통해 개인화된 언어 학습 경험을 만들 수 있을까?"라는 질문에서 출발했다. 교육업계에서 AX(AI Experience)란 단순히 기술을 적용하는 것이 아니라, 학습자의 여정 전체를 AI로 재구성하는 것을 의미한다. 아이디자인랩은 이 개념을 FunPik이라는 플랫폼을 통해 구체화했다. 기존 교육 앱들이 일방향적 콘텐츠 전달에 머물렀다면, FunPik은 학습자와 플랫폼 간의 지속적인 대화를 가능하게 했다.

인터랙티브 학습 시스템의 진화

FunPik은 단지 콘텐츠를 전달하는 앱이 아니다. 그것은 학습자의 행동을 실시간으로 읽고, 그에 반응하여 학습 여정을 설계하는 인터랙티브 시스템이다. 사용자가 어떤 문제를 틀렸는지, 어디서 오래 머물렀는지, 어떤 유형을 반복하는지. 이 모든 로그 데이터가 AI에 의해 수집되고 분석되며 그 결과 학습 난이도, 추천 콘텐츠, 보상 구조가 조정된다.

교육업계의 AX는 학습자의 미세한 행동 패턴까지 포착해야 한다는 특별한 도전과제를 안고 있다. 언어 학습에서는 단순한 정오답을 넘어, 학습자가 어떤 유형의 문제에서 시간을 더 소비하는지, 어떤 문법 구조에 어려움을 느끼는지, 어떤 단어를 반복적으로 검색하는지 등의 미묘한 신호들이 중요하다. FunPik은 이러한 행동 데이터를 수집하기 위해 세밀한 로깅 시스템을 구축했다. 화면 터치부터 스크롤 속도, 문제 풀이 시간, 반복 학습 패턴까지 모든 상호작용이 기록된다.

초기에는 이 데이터를 교육 전문가들이 직접 분석했지만, 점차 AI 알고리즘이 이 작업을 대체하게 되었다. 머신러닝 모델은 수천 명의 학습자 데이터를 분석하여 효과적인 학습 패턴을 식별하고, 이를 바탕으로 개인화된 학습 경로를 설계한다. 더 놀라운 것은 이 시스템이 단순히 기존 교육 방법론을 디지털화한 것이 아니라 완전히 새로운 학습 접근법을 창출했다는 점이다. FunPik의 AI는 학습자가 특정 문법 구조에 어려움을 겪을 때, 해당 구조가 자연스럽게 활용되는 실생활 대화 시나리오를 생성하여 제공한다.

해석의 문화와 기술의 융합

이 과정은 단순한 자동화가 아니다. 그것은 '해석의 문화'를 기술화한 것이다. 처음에는 단순한 체류 시간, 클릭률, 정오답 분석에 의존했지만 현재는 AI가 반복된 학습 행동을 읽고 스스로 패턴을 찾아낸다. 더 놀라운 점은, 이 진화가 ERP나 거대한 시스템이 아닌 사용자 로그라는 원시 데이터로부터 출발했다는 것이다. 교육업계의 AX는 다른 산업과 달리 '해석'의 영역이 특히 중요하다. 학습은 단순한 정보 전달이 아닌 학습자의 상태와 반응을 지속적으로 해석하고 그에 맞게 조정하는 과정이기 때문이다.

아이디자인랩은 이 '해석의 문화'를 조직 DNA로 만들었다. 팀 내 모든 구성원은 데이터 해석 능력을 갖추도록 훈련 받는다. 콘텐츠 제작자는 어떤 내용이 학습자의 참여를 유도하는지, UX 디자이너는 어떤 인터페이스 요소가 학습 효율성을 높이는지, 개발자는 어떤 기술적 개선이 학습 경험을 향상시키는지 데이터를 통해 읽어낸다. 이러한 조직 문화는 AI 시스템 자체도 변화시켰다. 초기에는 규칙 기반의 단순한 알고리즘으로 시작했지만 점차 더 복잡한 패턴을 인식할 수 있는 딥러닝 모델로 발전했다.

현재 FunPik의 AI는 학습자의 감정 상태까지 추론할 수 있다. 반복된 오답이나 갑작스러운 학습 중단은 좌절감의 신호로 해석되어 시스템이 즉각적으로 난이도를 조정하거나 격려 메시지를 제공한다. 이런 세밀한 해석 능력은 대규모 CRM 시스템이나 복잡한 기술 인프라 없이도 구현되었다. 아이디자인랩은 사용자 로그라는 가장 기본적인 데이터에서 시작해, 점진적으로 시스템을 고도화했다. 이는 제한된 자원을 가진 교육 스타트업에게 중요한 시사점을 제공한다.

철학에서 시작된 기술 혁신

아이디자인랩은 기술보다는 철학을 먼저 세웠다. "교육이란 사람을 읽는 일이고, AI는 그 일을 확장하는 도구다." 그래서 FunPik은 데이터를 통해 학습자를 읽고, AI를 통해 조직 스스로 학습하는 구조를 만들었다. 이 과정은 학습자의 몰입도를 높일 뿐 아니라, 콘텐츠 팀과 기획자, 개발자 모두가 데이터 기반의 빠른 반복 루프 속에서 전략을 수립하고 개선하게 만든다. 교육업계에서 AX를 성공적으로 구현하기 위해서는 기술적 접근보다 교육학적 철학이 선행되어야 한다.

아이디자인랩의 핵심 철학은 "모든 학습자는 고유한 학습 방식과 속도를 가지고 있으며, 이를 이해하고 존중하는 것이 효과적인 교육의 시작"이 라는 것이다.

이 철학을 기반으로, FunPik은 학습자가 자신의 페이스로 진행할 수 있는 유연한 커리큘럼 구조를 채택했다. 고정된 학습 순서 대신, AI가 각 학습자의 강점, 약점, 관심사를 분석하여 최적의 학습 경로를 실시간으로 구성한다. 예를 들어, 문법에 강점을 보이는 학습자에게는 더 복잡한 문법 구조를 일찍 소개하고, 어휘력이 뛰어난 학습자에게는 더 다양한 상황별 표현을 제공한다.

더 중요한 것은, 이 시스템이 단방향이 아닌 순환적 구조라는 점이다. 학습자의 행동은 콘텐츠 개발에 직접적인 영향을 미친다. 많은 학습자가 어려워하는 개념은 새로운 설명 방식이나 추가 예시를 통해 보강되고, 높은 참여도를 보이는 콘텐츠 유형은 더 많이 제작된다. 이러한 순환 구조는 전체 조직이 데이터 기반의 의사결정 문화를 형성하게 했다. 또한, 개발팀, 콘텐츠팀, 교육전문가 간의 협업을 촉진했다. 주간 데이터 리뷰 세션에서는 학습자 행동 패턴을 함께 분석하고, 다양한 관점에서 해석한다. 이 과정에서 기술적 제약과 교육적 필요 사이의 균형점을 찾아가는 창의적 해결책이 도출된다.

소규모 조직의 AI 혁신 가능성

무엇보다 중요한 건, 이 실험이 10명 내외의 스타트업 팀에 의해 이루어졌다는 점이다. 자본이나 규모보다 중요한 것은 질문하는 태도와 관찰의 습관이었다. 그리고 이 작은 조직은 그 태도를 통해, 교육이라는 보수적인 산업에서 AI 기반의 학습 경험, 곧 AX를 실현해냈다. 교육업계에서 소규모 조직은 종종 대형 교육기업이나 공교육 시스템에 비해 자원 제약에 직면한다. 그러나 아이디자인랩의 사례는 이러한 제약이 오히려 창의적 해결책으로 이어질 수 있음을 보여준다. 거대한 데이터센터나 AI 전문가팀 없이도, 적절한 접근 방식과 문화를 통해 혁신적인 AX를 구현할 수 있다는 것이다.

아이디자인랩의 핵심 전략은 '시작은 작게, 학습은 빠르게'였다. 초기에는 단순한 데이터 수집과 기본적인 패턴 분석부터 시작했다. 스프레드시트와 오픈소스 도구를 활용한 수작업 분석으로 첫 인사이트를 얻은 후, 점진적으로 자동화와 고도화를 진행했다. 중요한 것은 완벽한 시스템보다 '학습 사이클'의 속도였다. 팀 구성에 있어서도 전통적인 역할 구분을 탈피했다. 개발자도 교육 콘텐츠에 대한 이해를, 콘텐츠 제작자도 데이터 해석 능력을 갖추도록 했다. 이는 모든 팀원이 AI 시스템의 작동 원리와 교육적 목표를 동시에 이해하게 만들었고, 결과적으로 더 통합된 사용자 경험을 만들어냈다.

또한, 외부 협력 네트워크를 효과적으로 활용했다. 대학의 언어학 연구자, 현직 한국어 교사, 그리고 다양한 국적의 학습자 커뮤니티와 긴밀히 협력하여 지식과 피드백을 얻었다. 이러한 개방적 협력 모델은 제한된 내부 자원을 보완하는 동시에, 다양한 관점을 통합할 수 있게 했다.

AX로서의 조직 학습 문화

아이디자인랩의 사례는 묻는다. 당신의 조직은 기술을 쓰고 있는가,

아니면 기술과 함께 질문하고 있는가? AX는 시스템이 아니다. 그것은 조직이 '고객의 행동을 해석하는 방식'이며, 결국은 '배우는 조직'이 되겠다는 선언이다. 교육업계의 AX는 학습자뿐만 아니라 조직 자체도 지속적으로 학습하는 구조를 요구한다. 아이디자인랩은 이러한 '메타 학습' 구조를 조직 문화의 핵심으로 삼았다. FunPik 플랫폼이 학습자에게 개인화된 경험을 제공하듯, 조직 자체도 데이터로부터 배우고 진화하는 유기체가 되었다.

아이디자인랩은 월간 '실험의 날'을 운영한다. 이날은 모든 팀원이 데이터에서 발견한 패턴이나 가설을 바탕으로 새로운 기능이나 콘텐츠를 실험해볼 수 있다. 실패를 두려워하지 않는 문화 속에서, 때로는 직관적이지 않은 아이디어가 놀라운 학습 효과를 가져오기도 한다. 예를 들어, AI가 제안한 '의도적 오류 노출' 방식은 처음에는 비직관적으로 보였지만 학습자의 메타인지 능력을 향상시키는 효과적인 방법으로 입증되었다.

그리고 아이디자인랩은 '데이터 스토리텔링' 세션을 정기적으로 개최한다. 여기서는 숫자와 그래프를 넘어, 데이터 속에 숨은 학습자의 여정과 감정을 이야기로 풀어낸다. 이는 단순한 기술적 분석 이상의, 학습자의 경험을 공감적으로 이해하는 능력을 키운다. 무엇보다 중요한 것은, AX를 단순한 기술 시스템이 아닌 조직의 사고방식으로 접근했다는 점이다. AI는 도구일 뿐, 핵심은 '질문하는 방식'과 '해석하는 문화'다. 이는 교육업계의 다른 조직들에게도 중요한 메시지를 전한다. 진정한 AX 혁신은 최첨단 기술의 도입이 아닌, 학습자와 데이터에 대한 깊은 호기심에서 시작된다는 것이다.

제 7장 미래는 준비된 자의 것이다

7. 1. 기술 변화의 역사적 관점과 AX의 본질

역사적으로 인류의 발전은 기술 혁신을 중심으로 재편되어 왔다. 농업 혁명, 산업혁명, 정보혁명을 거치며 인류는 매번 새로운 도구와 체계를 만들어냈고, 이를 통해 삶의 방식과 사회구조를 근본적으로 변화시켰다. 그리고 항상 이러한 변화의 물결 속에서 가장 먼저 기회를 포착하고 행동한 이들이 시대를 주도했다. 인터넷이 등장했을 때, 그것을 단순한 정보 교환 도구가 아닌 새로운 비즈니스 플랫폼으로 인식한 기업들이 디지털 시대의 주역이 되었다. 모바일 혁명의 시기에도 마찬가지였다. 스마트폰을 단지 휴대용 컴퓨터가 아닌 일상과 비즈니스의 중심 축으로 재정의한 기업들이 시장을 주도했다.

이제 우리는 인공지능이라는 새로운 기술적 변곡점을 마주하고 있다. 그러나 역설적이게도, 이 거대한 변화의 본질은 기술 그 자체에 있지 않다. 인공지능의 알고리즘이나 컴퓨팅 능력, 또는 데이터의 규모가 아니라 그것을 어떻게, 그리고 왜 활용할 것인가에 관한 근본적인 질문에 있다. 기술 자체는 중립적인 도구일 뿐, 그것이 가져올 변화의 방향과 깊이는 사용자의 의도와 비전에 따라 결정된다.

AX는 이러한 맥락에서 단순한 기술 도입 전략이 아닌 조직과 리더십의 철학적 전환을 의미한다. 그것은 업무 환경에서 인공지능을 어떻게 통합하고 활용할 것인가에 관한 전략적 접근법이면서 동시에 조직의 본질과 목적, 그리고 인간의 역할에 대한 근본적인 재고찰이다. AX가 태도의 전략인 이유가 바로 여기에 있다.

7. 2. 리더십 태도와 조직 문화의 변혁

조직의 문화와 방향성은 리더의 관점과 태도에서 비롯된다. 특히 급격한 기술 변화의 시대에는 이러한 리더십의 영향력이 더욱 결정적이다. "어떤 AI를 써야 하나요?"라는 질문은 기술을 단지 도구로 보는 관점에서 출발한다. 이는 인공지능을 기존 비즈니스 모델에 표면적으로 적용하려는 접근법으로, 진정한 혁신보다는 점진적 개선에 가깝다.

반면, "우리는 어떤 조직이 되어야 하는가?"라는 질문은 근본적인 정체성과 목적에 대한 탐구에서 시작한다. 이러한 질문은 인공지능이 제공하는 가능성을 중심으로 조직의 구조, 프로세스, 그리고 가치 제안을 재구성하는 계기가 된다. 여기서 인공지능은 단순한 기능적 도구가 아닌, 조직의 DNA를 변화시키는 촉매제 역할을 한다.

실제로 디지털 혁신에 성공한 기업들의 공통점은 기술 자체보다 조직 문화와 리더십의 변화에 초점을 맞췄다. 넷플릭스는 단순히 스트리밍 기술을 도입한 것이 아니라, '콘텐츠 소비 방식'에 대한 근본적인 질문을 던졌다. 아마존은 클라우드 기술을 넘어, '비즈니스 인프라의 본질'을 재정의했다. 이들 기업의 혁신은 기술적 우위가 아닌, 미래를 바라보는 관점의 전환에서 비롯되었다.

AX 시대의 리더는 기술 전문가일 필요는 없다. 그러나 기술이 가져올 변화의 잠재력과 방향성을 이해하고 이를 조직의 미션과 연결시킬 수 있는 통찰력은 반드시 갖추어야 한다. 기술 도입의 성패를 가르는 것은 리더의 기술적 지식이 아니라, 변화에 대한 개방성과 비전 제시 능력이다.

7.3. AX 시대의 조직 변혁: 구조와 프로세스의 재설계

인공지능 시대의 조직 변혁은 단순히 새로운 도구의 도입에 그치지 않는다. 그것은 업무 방식, 의사결정 구조, 그리고 가치 창출 프로세스 전반에 걸친 체계적인 재구성을 의미한다. 인공지능은 반복적이고 규칙 기반의 업무를 자동화할 뿐만 아니라, 데이터 분석과 의사결정 지원, 창의적 작업에 이르기까지 다양한 영역에서 인간의 능력을 증강시킨다.

이러한 변화는 자연스럽게 조직 구조의 변화로 이어진다. 수직적 계층 구조와 명확한 업무 분장에 기반한 전통적 조직 모델은 빠른 의사결정과 유연한 대응이 요구되는 AI 시대에 적합하지 않다. 대신, 팀 간 경계가 유동적이고 실시간 데이터를 중심으로 의사결정이 이루어지며 인간과 AI의 협업이 자연스럽게 이루어지는 네트워크 기반 조직이 경쟁력을 갖게 된다.

인공지능 시대의 조직은 '데이터 중심성(Data-Centricity)'을 핵심 역량으로 발전시켜야 한다. 이는 단순히 많은 데이터를 수집하는 것이 아니라, 조직 내외부의 데이터 흐름을 체계적으로 설계하고, 이를 의사결정과 가치창출 과정에 유기적으로 통합하는 능력을 의미한다. 데이터는 단순한 업무 부산물이 아닌, 조직의 핵심 자산이자 경쟁력의 원천으로 자리매김해야 한다.

또한, 업무 프로세스의 재설계도 필수적이다. 인공지능은 단순히 기존 프로세스의 일부 단계를 자동화하는 도구가 아니라 프로세스 자체를 근본적으로 재구성할 수 있는 기회를 제공한다. 예를 들어, 고객 서비스 영역에서 AI 챗봇은 단순 응대 업무를 대체하는 것을 넘어 고객 데이터 분석과 개인화된 서비스 제공, 선제적 문제 해결 등 전혀 새로운 서비스 모델을 가능하게 한다.

7. 4. 인적 역량과 조직 문화의 재정의

AX 시대에는 기술적 변화만큼이나 인적 요소의 변화도 중요하다. 인공지능이 많은 업무를 자동화하면서 인간만이 제공할 수 있는 고유한 가치와 역량의 중요성이 더욱 부각된다. 창의적 사고, 복잡한 문제 해결, 윤리적 판단, 그리고 감성적 지능과 같은 역량들이 조직의 핵심 경쟁력으로 자리잡게 된다.

이는 인재 확보와 육성 전략의 전환을 요구한다. 특정 기술이나 지식보다는 학습 능력, 적응력, 창의성을 갖춘 인재가 더욱 가치를 발휘하게 된다. 또한 기존 인력의 재교육과 역량 전환(Reskilling, Upskilling)도 조직의 핵심 과제가 된다. 단순 업무가 자동화되면서, 모든 구성원들이 더 높은 수준의 가치 창출 활동에 참여할 수 있도록 준비시키는 것이 리더의 책임이다.

조직 문화 측면에서는 '실험과 학습'의 문화가 필수적이다. 인공지능 기술은 빠르게 진화하고 있으며, 그 적용 방식과 효과도 계속해서 변화한다. 이러한 환경에서는 완벽한 계획보다 빠른 실험과 학습 사이클이 더 효과적인 접근법이다. 실패를 허용하고, 그로부터 학습하며, 지속적으로 개선해 나가는 애자일(Agile) 문화가 AX 시대에 적합한 조직 문화이다.

또한, 투명성과 윤리적 가치에 기반한 문화도 중요하다. 인공지능의 활용은 데이터 프라이버시, 알고리즘 편향성, 의사결정의 투명성 등 다양한 윤리적 문제를 제기한다. 이러한 문제들을 인식하고, 명확한 윤리적 원칙과 거버넌스 체계를 구축하는 것은 AI 시대 리더의 중요한 책임이다.

7. 5. AX 여정의 시작: 다섯 가지 근본 질문

AX로의 여정은 거창한 기술 투자나 조직 개편으로 시작되지 않는다. 그것은 리더 자신과 조직에 대한 정직한 질문과 성찰에서 출발한다. 이 책의 마지막 부분에서 제시하는 다섯 가지 질문은 단순히 현재 상태를 점검하는 체크리스트가 아니라, 변화의 방향성과 우선순위를 설정하는 나침반 역할을 한다.

첫째, "나는 반복되고 비효율적인 업무가 조직의 성장을 가로막고 있음을 인식하고 있는가?" 이 질문은 현재 조직 내에 존재하는 비효율과 낭비에 대한 인식을 확인한다. 많은 조직에서 구성원들의 시간과 에너지는 창의적이고 전략적인 활동보다 반복적이고 기계적인 업무에 소모되고 있다. 이러한 상황 인식은 변화의 필요성과 방향성을 설정하는 첫 걸음이다.

둘째, "우리는 고객, 시장, 내부 운영 데이터를 수집하고 해석할 수 있는 최소한의 체계를 갖추고 있는가?" 인공지능 시대의 핵심 자원은 데이터다. 조직이 관련성 있는 데이터를 체계적으로 수집하고 이를 유의미한 통찰로 변환할 수 있는 능력을 갖추었는지가 중요하다. 여기서 '최소한의 체계'란 완벽한 데이터 인프라가 아니라 지속적으로 발전시킬 수 있는 기본적인 데이터 역량을 의미한다.

셋째, "AI를 단지 자동화가 아니라 '업무를 재구성하는 방식'으로 이해하고 있는가?" 인공지능의 진정한 가치는 기존 업무의 효율화를 넘어, 전에는 불가능했던 새로운 방식의 업무와 가치 창출을 가능하게 하는 데 있다. 예측 분석을 통한 선제적 의사결정, 개인화된 대규모 서비스 제공, 또는 인간-AI 협업을 통한 창의적 문제 해결 등이 그 예이다. 이러한 '재구성' 관점은 AI 도입의 전략적 방향성을 결정한다.

넷째, "조직 구성원들과 변화의 필요성과 방향에 대해 논의한 적이 있는가?" 어떠한 변화도 구성원들의 이해와 참여 없이는 성공할 수 없다. 특히 인공지능과 같은 혁신적 기술의 도입은 업무 방식과 역할, 심지어 정체성에까지 영향을 미치기 때문에 구성원들의 우려와 기대를 함께 다루는 열린 대화가 필수적이다. 변화는 기술적 과정이 아닌 사회적 과정이다.

다섯째, "나는 변화가 기술이 아니라 '결정'에서 시작된다는 것을 알고 있는가?" 이는 모든 질문 중 가장 근본적인 질문이다. 기술적 가능성이 아무리 크더라도 그것을 활용하여 실질적인 변화를 만들어내는 것은 결국 리더의 결단과 행동이다. 아무리 뛰어난 인공지능 도구라도 그것을 어떻게 활용할지에 대한 명확한 비전과 의지가 없다면 그저 비싼 장식품에 불과하다.

7. 6. AX 시대의 리더십 - 미래를 향한 결단

미래는 준비된 자의 것이다. 그리고 그 준비는 최신 기술의 도입이나 거창한 디지털 전환 선언이 아닌, 근본적인 질문과 명확한 방향성 설정에서 시작된다. AX 시대의 리더십은 기술에 대한 전문성보다 변화의 본질을 꿰뚫어 보는 통찰력과, 불확실성 속에서도 결단을 내릴 수 있는 용기에 달려 있다.

인공지능은 새로운 협업 파트너이자, 조직 운영의 중심축으로 자리잡을 것이다. 이러한 변화는 불가피하게 업무의 본질, 조직의 구조, 그리고 인간의 역할에 대한 근본적인 재고찰을 요구한다. 이 과정에서 가장 중요한 것은 기술적 역량이 아니라, 변화를 두려워하지 않고 적극적으로 수용하며 이끌어나갈 수 있는 리더십이다.

앞서 제시한 다섯 가지 질문은 단순한 체크리스트가 아니라 조직과 리더 자신의 현재 위치와 변화의 방향을 진단하는 나침반이다. 이 질문들에 대한 정직한 응답은 AX 여정의 시작점이 될 것이다. 어떤 조직은 이미 변화의 한가운데 있을 수 있고, 또 다른 조직은 이제 막 첫걸음을 내딛는 단계에 있을 수 있다. 중요한 것은 현재의 위치가 아니라 변화의 필요성을 인식하고 행동으로 옮기는 의지이다.

AX는 궁극적으로 기술의 질문이 아닌 리더십의 질문이고 조직 철학의 질문이다. 그것은 "우리는 어떤 조직이 되고자 하는가?"라는 가장 근본적인 물음에 대한 답을 찾아가는 여정이다. 그리고 이것이야말로 AI 시대를 살아갈 모든 리더가 마주해야 할 '미래의 문장'인 것이다.

에필로그: AX는 아직 완성되지 않았다

이 책은 '완성된 정답'을 쓰기 위한 것이 아니다. 오히려 정답이 없는 시기에 어떻게든 길을 찾아가고 있는 한 사람의 리더로서 같은 고민을 가진 당신에게 말을 걸기 위해 썼다. 우리 모두가 처한 이 불확실성의 시대에, 확신에 찬 목소리보다는 함께 고민하는 동반자의 목소리가 더 필요하다고 생각했기 때문이다. 때로는 완벽한 지도보다 함께 걸을 수 있는 동행자가 더 중요한 법이다. 특히 우리가 지금 발을 딛고 있는 이미지의 영역에서는, 정확한 좌표보다 서로를 격려하는 동료의 목소리가 더 큰 힘이 된다. 불확실성 속에서도 한 걸음씩 나아가는 용기, 실패해도 다시 일어서는 회복력, 그리고 끊임없이 질문하는 호기심이 우리에게 필요한 나침반이다.

AX라는 개념은 여전히 새롭고, 그만큼 생생하다. 개념이 아직 학문적으로 정립되지 않았고 실전에서도 체계화되지 않은 만큼, 이 책의 많은 내용도 아직 '진행형'이다. 내가 운영하는 회사 역시 AX를 완성한 것이 아니다. 매일 부딪히고 조정하며 '진행 중'에 있다. 어제의 성공이 오늘의 실패가 되기도 하고 과거의 실패에서 새로운 통찰을 얻기도 한다. 이것이 바로 살아있는 조직의 특성이다. 완벽하게 정리된 교과서가 아닌, 현장에서 기록된 일기장에 가깝다고 할까.

매일 아침 새로운 도전에 직면하고 예상치 못한 문제들과 씨름하며 때로는 기대 이상의 성과를 얻으며 때로는 예상치 못한 좌절을 맛보기도 한다. 이 모든 과정이 생생한 경험으로 쌓여가고 그 경험들이 모여 우리의 지식과 지혜를 형성한다. 원고를 마감하는 순간에도 새로운 사례가 생기고 새로운 관점이 등장하고 있다. 그래서 이 책은 또한, 완결된 이론서가 아닌 현장의 소리를 담은 생생한 보고서에 가깝다.

때문에 이 책에 담긴 사례와 전략, 철학 역시 고정된 것이 아니다. 현실은 언제나 책보다 빠르고 조직은 매일 다르게 반응한다. 기술은 가속도가 붙어 발전하고 시장은 예상치 못한 방향으로 움직인다. 어제까지 유효했던 전략이 오늘은 더 이상 작동하지 않을 수 있다. 변화의 속도가 너무 빨라 때로는 우리의 이해와 적응이 그 속도를 따라가지 못하기도 한다.

그러므로 이 책을 '정답의 안내서'가 아닌 '질문의 촉진서'로 읽기 바란다. 또 책의 페이지 사이에서 명확한 해결책을 찾기보다는,

각자의 상황에 맞는 질문을 발견하길 바란다. 좋은 질문은 때로 완벽한 답변보다 더 가치 있다. 질문은 사고를 확장하고, 새로운 가능성을 열어주며, 고정관념을 깨뜨린다. 당신이 속한 조직, 당신이 맡은 프로젝트, 당신이 이끄는 팀에 맞는 질문을 찾아가는 과정 자체가 이미 AX를 실천하는 첫걸음이다.

오늘의 결론은 내일 뒤집힐 수 있다. 이것은 약점이 아니라 오히려 기회이다. 고정된 교리보다 유연한 사고가 더 중요한 시대에 우리는 살고 있다. 역시 중요한 건 방향이다. 적어도 이 책이 'AI는 기술이 아닌 철학'이라는 방향을 제시했다면, 그것만으로 충분한 출발이다. 기술은 도구에 불과하지만, 그 도구를 어떤 목적으로 어떤 가치관으로 사용할 것인가는 우리의 철학에서 비롯된다. 수단과 목적을 혼동하지 않고 인간 중심의 가치를 잃지 않는 것, 이것이 이 책이 끝까지 지키고자 한 핵심 메시지이다.

얼마나 정교한 알고리즘을 가졌는지, 얼마나 빠른 처리 속도를 자랑하는지보다 중요한 것은, '그 기술이 인간의 삶을 어떻게 변화시키는가'이다. 기술이 인간의 창의성을 억압하는 것이 아니라 확장하는지, 인간의 자율성을 침해하는 것이 아니라 보장하는지, 인간 사이의 연결을 단절시키는 것이 아니라 풍요롭게 하는지가 진정한 판단 기준이 되어야 한다. 이런 철학적 기반 위에서만 진정한 AX가 꽃필 수 있다.

우리가 함께 만들어갈 미래는 기술만으로는 완성될 수 없다. 인간의 지혜, 윤리적 성찰, 그리고 서로에 대한 깊은 이해가 필요하다. 그것이 바로 AX의 본질이며, 우리가 지향해야 할 방향이다. 이 여정에서 실수도 있을 것이고, 후퇴도 있을 것이다. 하지만 우리가 올바른 질문을 계속하고, 서로의 경험에서 배우며, 인간 중심의 가치를 놓치지 않는다면, 우리는 분명 더 나은 미래를 향해 나아갈 수 있을 것이다. 그 여정에 당신이 함께하기를, 그리고 그 여정이 우리 모두에게 의미 있는 성장의 시간이 되기를 진심으로 바란다.

나는 이 책을 통해 독자와 함께 성장하고 싶다. 이 책이 일방적인 선언이 아닌 대화의 시작이 되길 바란다. 독자의 경험이 더해지고, 이 책의 부족한 점이 현실 속에서 보완된다면, 다음에는 더 단단한 AX의 실전 사례를 공유할 수 있을 것이다. 여러분의 시행착오와 성공 사례, 심지어 이 책에 대한 비판까지도 모두 귀중한 자산이 된다. 완성된 책이 아니라 함께 써가는 책으로 생각해 주셨으면 한다. 다양한 관점과 경험이 모여 더 풍부한 지식의 생태계를 만들어갈 수 있을 것이다.

매일 현장에서 AI와 씨름하는 리더들, 새로운 제품과 서비스를 디자인하는 전문가들, 기술과 인간 사이의 균형을 고민하는 철학자들, 모두가 이 대화에 참여하기를 바란다. 각자의 자리에서 얻은 통찰과 교훈을 나누며 함께 배우고 성장하는 커뮤니티가 형성된다면, 그것이야말로 이 책의 진정한 성공일 것이다. 아마도 이 책의 가장 중요한 장은 아직 쓰이지 않았을지도 모른다. 그 장은 바로 당신이, 우리가 함께 써 내려갈 것이다. 그러니 지금은 완성된 대답이 아닌 함께 찾아갈 질문에의 여정으로 기억되기를 바란다.

끝으로, AI 도입이라는 험난한 길 위에서 고군분투하는 중소기업 사장님들께 깊은 존경과 응원의 마음을 전한다. 거대한 자본과 인프라를 가진 대기업들 사이에서, 한 발 한 발 직접 부딪히며 새로운 기술을 현장에 접목하려는 그 용기와 집념은 이 시대 진정한 혁신가의 모습이다. 지금의 도전은 단순한 기술의 도입을 넘는, 조직의 미래를 바꾸는 담대한 선택이다. AI가 낯설고 때론 벽처럼 느껴질지라도, 그 끝에는 더 효율적이고 지속 가능한 성장의 길이 기다리고 있을 것이다. 그 여정에 함께하는 여러분은 단지 기업의 리더가 아니라 대한민국 산업의 미래를 여는 선구자이다. 여러분은 절대 혼자가 아니다. 같은 상황에 놓인 동료 사장으로서, 그리고 선배로서, 후배로서 진심으로 응원한다.

- AI 관련 용어

Generative AI (생성형 AI)
: 텍스트, 이미지, 영상 등을 생성하는 AI 기술 (ex. GPT, DALL·E 등).

Midjourney
: 예술적 이미지 생성에 특화된 AI 이미지 생성기.

Predictive Analytics
: 과거 데이터를 기반으로 미래를 예측하는 분석 기술.

Churn Prediction (이탈 예측)
: 고객의 이탈 가능성을 분석하여 대응 전략 수립.

RAG (Retrieval-Augmented Generation)
: 검색 정보를 기반으로 AI 출력의 정확도를 높이는 기술.

Digital Avatar
: 인물의 외형과 말투를 디지털화한 가상 캐릭터.

Genspark
: 데이터 분석 및 시각화 도구.

HEYGEN
: 텍스트를 기반으로 가상 아바타가 영상을 생성하는 AI 영상 제작 플랫폼.

AAA (AI Automation Agency)
: 마케팅 전과정을 자동화하는 통합형 솔루션.

Adplorer
: AI와 인간 판단을 결합한 광고 자동화 플랫폼.

Perplexity AI
: AI 기반 검색엔진, 외부 레퍼런스까지 연결 가능.

Agentic Workflow
: AI 에이전트가 작업 흐름을 스스로 조장수행하는 방식.

Dynamic Knowledge Graph
: 지식 간 관계를 시각화하는 그래프 구조.

AI 오케스트레이션
: 여러 AI 시스템(LM, RAG 등)을 유기적으로 결합한 실행 전략.

MCP (Model Context Protocol)
: LLM이 외부 도구/API와 유기적으로 연동될 수 있도록 표준화된 프로토콜.

Notion
: 문서 작성, 데이터 관리 및 협업을 위한 도구로, AI 플러그인과 연동 가능.

프롬프트 엔지니어링
: LLM에게 원하는 출력을 유도하기 위한 입력 설계 기법.

- 산업 및 기술 관련 용어

MLOps (Machine Learning Operations)
: AI 모델 학습, 배포, 유지보수 과정을 통합 관리하는 프레임워크.

AI 바우처
: 중소기업의 AI 도입을 정부가 보조해주는 지원 프로그램.

디지털전환 패키지
: 정부의 중소기업 디지털화 지원 패키지 사업.

TES , cello, T3Q 등
: 유통/물류/추천 등 산업 현장에서 활용되는 실제 AI 기반 솔루션 도구들.

하이퍼클로바X (네이버)
: 한국어에 특화된 LLM 플랫폼.

Copilot Studio
: 마이크로소프트의 AI 기반 업무 자동화 플랫폼.

설비 예지 보전
: 센서와 AI를 활용해 설비 고장을 사전 예측하는 시스템.

스마트 슈퍼마켓
: AI, IoT 등 기술을 적용해 쇼핑 전과정을 자동화한 매장.

온프레미스(On-premise) AI 서버
: 기업 내부에 AI 시스템을 직접 구축/운영하는 방식.

디지털 전환 (DX)
: IT 기술을 활용해 산업 운영 전반을 디지털 중심으로 재편하는 변화.

- 데이터 관련 용어

메타데이터 태깅
: 문서나 콘텐츠에 키워드 정보를 부여하는 구조화 작업.

데이터 품질 관리
: 중복, 오류, 누락 제거 및 정제 절차로 신뢰성 확보.

데이터 표준화
: 포맷과 용어를 통일하여 활용도를 높이는 과정.

(예: 날짜, 전화번호, 주소 형식 통일)

CRM 시스템

: 고객정보를 통합 관리하는 시스템으로, 마케팅과 영업에 활용됨.

지식 소유자 매핑(Knowledge Owner Mapping)
: 조직 내 지식 전문가를 자동으로 식별하는 AI 기술.

- 마케팅 관련 용어

CDJ 분석 (Consumer Decision Journey)
: 고객의 구매 여정 분석을 통해 마케팅 전략 수립.

퍼포먼스 마케팅
: 성과 기반 디지털 광고 전략.

PoC (Proof of Concept)
: 실증을 통해 아이디어나 기술의 가능성을 검정하는 방식.

리타겟팅 광고
: 특정 행동을 보인 사용자에게 맞춤형 광고를 반복적으로 제공하는 전략.

스마트 마케팅
: AI를 기반으로 한 타겟팅, 예산 최적화, 성과 측정 등의 자동화 기법.

[부록 1]
실행은 질문에서 시작된다: AX를 위한 사장의 체크리스트

이 책이 다룬 것은 기술이 아니다. 사유의 구조이며, 일의 정의이고, 조직을 바라보는 새로운 프레임이다. 그러나 아무리 뛰어난 인사이트도 실천되지 않으면 의미가 없다. 그래서 이 부록은 정리라기보다 출발을 위한 안내서다.

실행은 복잡한 전략에서 시작되지 않는다. 실행은 언제나 질문에서 시작된다. AX를 진지하게 검토하고 있는 사장이라면, 지금 이 순간 아래의 질문 앞에 정직해야 한다.

사장이 스스로에게 물어야 할 다섯 가지 질문

1. 나는 우리 조직에서 반복적이고 비효율적인 업무가 어디에 존재하는지 구체적으로 알고 있는가?

* 업무 프로세스를 상세히 파악하고 있는가?
* 직원들이 가장 많은 시간을 소비하는 루틴 작업은 무엇인가?
* 그 작업들 중 표준화하거나 자동화할 수 있는 부분은 어디인가?
* 비효율이 발생하는 근본 원인을 알고 있는가?

2. 우리는 고객, 재무, 마케팅, 생산 등 조직의 주요 활동에서 데이터를 체계적으로 수집하고 있는가?

* 의사결정의 기반이 되는 데이터가 실시간으로 수집되고 있는가?

* 데이터의 품질과 신뢰성을 어떻게 보장하고 있는가?
* 수집된 데이터가 실제 비즈니스 의사결정에 활용되고 있는가?
* 데이터를 통합적으로 바라볼 수 있는 시스템이 갖춰져 있는가?

3. 사내에서 가장 많은 시간을 소모하는 업무는 무엇이며, 그것이 반드시 사람이 해야 하는 일인가?

* 직원들의 시간과 에너지가 가장 많이 소모되는 업무 영역은 어디인가?
* 그 업무에서 인간의 판단과 창의성이 필수적인 부분은 무엇인가?
* 단순 반복적이지만 여전히 사람이 처리하고 있는 영역은 무엇인가?
* 자동화했을 때 직원들이 더 가치 있는 일에 집중할 수 있는 업무는 무엇인가?

4. 나와 내 조직은 '자동화'라는 말을 '인력 감축'이 아닌 '구조 재설계'로 받아들이고 있는가?

* 자동화의 목적을 비용 절감이 아닌 가치 창출로 인식하고 있는가?
* 직원들이 자동화를 위협이 아닌 기회로 바라보고 있는가?
* 자동화를 통해 해방된 인적 자원의 새로운 역할을 구상하고 있는가?
* 조직 구조와 문화가 자동화와 함께 변화할 준비가 되어 있는가?

5. 나는 AX가 기술 문제가 아니라 '조직의 존재 방식'을 바꾸는 문제라는 사실에 동의하는가?

* AX가 단순한 도구 도입이 아닌
  조직 전체의 사고방식 변화임을 이해하는가?
* 리더로서 이 변화를 주도할 준비가 되어 있는가?
* 조직 구성원들이 이 변화의 비전을 공유하고 있는가?
* 실패와 시행착오를 허용하는 문화를 만들 의지가 있는가?

이 질문들은 단순한 체크리스트가 아니다. 이것은 사장에게만 허용되는 전략적 자기성찰의 시작점이다. 이 다섯 가지 질문에 정직하게 답하고 그것을 조직 내부의 진정한 토론으로 끌어낼 수 있다면, 이미 AX는 시작되고 있는 것이다.

도구는 그 다음의 문제다. Notion, ChatGPT 같은 툴은 언제든 확보할 수 있다. 고객 응대, 마케팅, 리크루팅, 회계 자동화를 위한 솔루션은 인터넷을 검색하면 무수히 나온다. 그러나 조직이 왜 그 툴을 써야 하는지, 어떤 문화를 바꿔야 하는지, 무엇을 위임하고 무엇을 인간이 끝까지 붙들어야 하는지를 묻는 태도는 검색되지 않는다.

도구 선택에 앞서 고려해야 할 질문들은 다음과 같다.

* 우리 조직의 가장 시급한 자동화 영역은 무엇인가?
* 현재 프로세스의 어떤 부분이 가장 큰 병목 현상을 일으키는가?
* 어떤 반복 작업이 우리 직원들의 창의성과 전문성을
  가장 많이 저해하는가?
* 자동화를 통해 우리가 고객에게 제공할 수 있는

새로운 가치는 무엇인가?
* 우리 조직의 기술적 역량과 준비도는 어느 수준인가?

그리고 무엇보다 중요한 것은, 이런 변화의 의지가 있는 기업들을 위한 '길'은 이미 존재한다는 사실이다. 정부는 AI 바우처, 디지털전환 패키지, 지자체 컨설팅 등 다양한 지원 프로그램을 운영 중이고, 국내외의 성공 사례는 우리가 단지 이론이 아니라 현실을 따라가고 있다는 증거다.

중소기업이 활용 가능한 자원을 아래와 같이 소개한다.

* 중소벤처기업부의 디지털 전환 지원사업
* 과학기술정보통신부의 AI 바우처 지원
* 지역별 스마트공장 보급·확산 사업
* 산업통상자원부의 제조혁신 지원 프로그램
* 민간 기업의 디지털 전환 컨설팅 서비스
* 산업별 협회 및 단체의 디지털화 지원 프로그램
* 대학 및 연구기관의 산학협력 프로젝트

새로운 시작을 위해 아래의 내용을 즉각 실천해 보자.

1. 현황 파악: 조직 내 모든 업무 프로세스를 투명하게 시각화하라
2. 우선순위 설정: 즉각적인 개선이 필요한 영역과
   장기적인 전환이 필요한 영역을 구분하라
3. 파일럿 프로젝트: 작은 규모의 검증 가능한 프로젝트로 시작하라

4. 학습 문화 조성: 조직 전체가 새로운 도구와 방법론을 학습할 수 있는 환경을 만들어라
5. 성과 측정: 자동화와 효율화의 성과를 명확한 지표로 측정하라
6. 지속적 개선: 피드백을 바탕으로 끊임없이 프로세스를 개선하라

[부록 2]
AX 전환 상태를 진단할 수 있는 공식

많은 중소기업이 "AI를 도입했다"는 이유만으로 혁신에 성공했다고 착각하지만 실제로는 기술 도입과 조직의 변화 수준은 별개다. 그래서 단순히 기술을 사용하고 있는가를 평가하는 것이 아니라 조직이 기술을 얼마나 '자율적으로', '책임 있게', '효과적으로' 수용하고 있는가를 측정할 수 있는 지표가 필요하다. 나는 이 지표를 AX 성공 지수(AX Success Index, AXSI) 라고 하겠다.

중소기업을 위한 AX 성공 지수 공식(AXSI Model for SMEs)

$$AXSI = \frac{(T + D + S + E + L)}{5} - (K + I)$$

* T = Trust Score (1~5 × 3문항 합산)
* D = Delegated Judgement Score
* S = Structural Redesign Score
* E = Ethical Governance Score
* L = Learning Culture Score
* K = 기술 낙관주의 감점 (최대 2점)
* I = 문화 관성 감점 (최대 2점)

이 수식에서 각 알파벳의 의미는 다음과 같다:

* T (Trust): 데이터와 AI를 신뢰하는 문화가 얼마나 성숙했는가?
* D (Delegated Judgement): 반복적이고 수치 기반 판단을 AI에 위임하는 체계가 마련되어 있는가?
* S (Structural Redesign): 수직적인 조직 구조에서 탈피해 수평적, 투명한 시스템으로 전환되고 있는가?
* E (Ethical Governance): AI 윤리에 대한 조직의 대응력이 어느 정도인가?
* L (Learning): 조직 전체가 AI 기술과 그에 따른 윤리, 규제를 이해하려는 학습 문화가 있는가?

이 다섯 가지 항목의 평균이 바로 '조직이 자율적 전환을 할 수 있는 기본 역량'을 보여준다. 이 평균 점수가 높을수록 기술만 도입한 것이 아니라 그 기술을 조직 전체에 녹여내는 내공이 강하다는 뜻이다.

그런데 여기에 감점 요소가 있다. 바로:

* K (기술 낙관주의):
"AI가 모든 걸 해결해줄 것"이라는 지나치게 단 순한 기대
* I (문화 관성):
"우린 원래 이렇게 해왔어"라는 태도로 변화 자체를 회피하는 습관

이 두 요소는 아무리 다른 요소 점수가 높아도 실제 전환을 방해하는 무형의 장애물이다. 그래서 이들을 빼줌으로써 실제 전환 실행력을 정제해서 본다.

실제 점수 계산 예시

예를 들어 어떤 중소기업이 다음과 같은 점수를 받았다고 하자:

T = 12 (3개 문항 × 4점)

D = 10

S = 9

E = 11

L = 12

K = 1 (기술 낙관주의 있음)

I = 2 (조직 문화가 보수적임)

이 기업은 겉보기에는 준비가 꽤 잘 되어 있지만, 내부에 문화적 저항과 기술에 대한 환상이 있는 상태다. 이 점수는 AX 중간 단계 진입 수준으로 판단할 수 있으며 조직문화 리더십 재설계가 우선 과제로 파악된다.

중소기업 AX 실행력 점수표(AX Execution Scorecard for SMEs)

이 점수표는 중소기업이 AX를 추진하는 과정에서 현재 위치를 자가 진단하고, 개선이 필요한 영역을 구체적으로 파악하기 위한 도구이다. 아래 항목별로 각 질문에 대해 1점(매우 미흡)에서 5점(매우 우수)까지 점수를 매겨보기 바란다.

1. 신뢰 (Trust)

* 우리 조직은 데이터를 기반으로
    의사결정을 내리는 문화가 형성되어 있다.

* 구성원들은 AI 시스템의 판단을 신뢰하고 있다.
* 리더는 기술을 위협이 아닌 협력 파트너로 인식하고 있다.

2. 판단 위임 (Delegated Judgement)
* 반복적·정량적인 업무를 AI에 위임하는 프로세스가 있다.
* 인간이 맡아야 할 고차원적 업무(창의성, 공감 등)와
  AI가 담당할 수 있는 업무의 경계가 명확하다.
* 직원들이 AI 판단 결과를 기반으로 행동할 수 있도록
  제도적 뒷받침이 있다.

3. 구조 재설계 (Structural Redesign)
* 수평적 의사결정, 투명한 정보 공유 문화가 마련되어 있다.
* AI 도입을 전제로 한 역할 재정의 및 책임 분산이
  이루어지고 있다.
* 기술 도입보다 조직 운영 방식의 혁신에 더 중점을 둔다.

4 윤리 거버넌스 (Ethical Governance)
* AI 윤리 정책과 가이드라인이 공식화되어 있다.
* 윤리적 리스크 평가, 투명성 보고 체계가 있다.
* 고객·직원 등 이해관계자 신뢰 확보를 위한
  윤리적 대응 전략이 있다.

5. 지속 학습 (Continuous Learning)
* AI 관련 기술, 규제, 윤리에 대한 정기적 교육이 있다.

* 학습이, 리더만이 아닌 실무자 전반에 확산되어 있다.
* 외부 전문가나 기관과의 협업, 교류가 활발하다.

6. 저해 요인 감점 (-항목)

기술 낙관주의

* AI 도입이 곧 혁신이라고 생각한다. (-1~0점)
* 기술 성능에만 초점을 두고 조직문화는 그대로 두고 있다. (-1~0 점)

문화 관성

* "우리는 원래 이렇게 해왔다"는 태도가 조직에 퍼져있다. (-1~0 점)
* AI가 조직 문화를 바꿔야 한다는 인식이 부족하다. (-1~0점)

총점 계산

* 각 항목별 최대 15점 × 5개 항목 = 75점
* 감점 항목은 최대 -6점
* 총점 만점: 69점

실행력 등급 기준

* 60점 이상: AX 준비도 매우 우수 – 실행 가능한 조직 구조 보유
* 45~59점: 준비도 양호 – 일부 구조 개선 필요
* 30~44점: 취약 – 철학, 구조, 문화 전반의 재정비 필요
* 30점 미만: AX 도입보다 리더십 및 조직문화 정비가 우선

손 동 진

AI 마케팅 전문기업 덱스터크레마의 창립자이자 현재 대표이사로 재직 중이다. 한국 AX산업마케팅협회 AI에이전트 위원장과 한국상품학회 산업계 부회장을 겸직하고 있다. 초개인화 AI 광고마케팅 솔루션인 애드플로러와 링크플로러의 특허 발명자로서, AI기술을 활용한 콘텐츠 개발과 마케팅 혁신을 주도한 결과로, 2025년 국제인공지능대전 'AI엑셀런스어워즈'에서 과학기술정통부 장관상을 수상하였다. 나아가 뉴욕페스티벌 국제광고제의 APAC 심사위원으로 활동했으며, 창업 전에는 제일기획에서 일하며 다양한 글로벌 브랜드 캠페인을 수행했다. 디지털 전략에 대한 실무 경험과 이론을 바탕으로 경희대학교에서 디지털콘텐츠학 박사학위를 받았다. 기술과 감성이 융합된 시대, AI와 인간이 함께 만들어가는 마케팅의 미래를 탐구하며, 개인과 기업이 경쟁력을 갖추는 방법에 대한 실마리를 제시하고 있다.